구속사적 관점에서 본

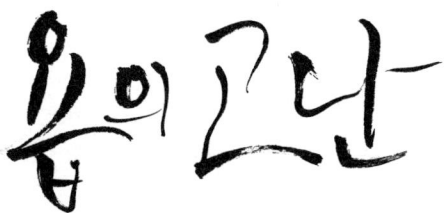
욥의 고난

| 윤병삼 지음 |

쿰란출판사

구속사적 관점에서 본
욥의 고난

책머리에

고난은 모든 사람에게 주어지는 필연적인 과정이라 할 수 있다. 모든 사람은 보편적으로 고난을 경험하게 된다. 왜 그럴까? 우리는 그 답을 성경에서 찾을 수 있다. 욥기 5장 7절은 "사람은 고생을 위하여 났으니 불꽃이 위로 날아가는 것 같으니라"고 하였다. 즉 인생은 고난을 타고 태어났기에 그 고난을 경험하며 살 수밖에 없다는 것이다.

그 고난은 바로 죄의 값이다. 죄 가운데 태어난 인간이기 때문이다. 다윗은 시편 51편 5절에서 "내가 죄악 중에서 출생하였음이여 어머니가 죄 중에서 나를 잉태하였나이다"라고 고백하였다. 그래서 인생에게는 캄캄한 날이 많다고 하였다(전 11:8).

모든 사람은 그들의 삶에서 어느 정도까지 고난을 경험하게 되고, 그 고난의 기간 동안 그들은 가끔 다음과 같은 동일한 질문을 한다.

"왜? 왜 하나님께서? 왜 지금? 왜 내가 이 고난을 감당해야 하는가?"

　이러한 것들은 우리의 마음속에서 울려 퍼지며 뇌리를 떠나지 않는 질문들이다. 하지만 대부분의 경우 진정한 답을 발견하지 못한다.

　솔직히 우리는 가끔 우리 자신들에게 고난의 기간을 스스로 가져오는 경우가 있다. 그렇지 않은가? 만일 우리가 빨간 신호등일 때 지나간다면, 우리는 티켓을 받을 것이다. 만일 우리가 몇 년 동안 우리의 치아관리에 게으르다면, 충치, 치은염, 그리고 이내 치근관 질환을 갖게 될 것이다. 이러한 고난의 기간들은 우리 자신의 부주의와 게으름으로 인하여 자초한 것이다.

　우리의 삶에서 고난이 예상치 않게 그리고 부당하게 보이는 상황에서 문을 박차는 때가 있는데, 우리는 그 원인을 찾지 못하고 고개를 숙이는 나 자신을 발견하게 된다. 이것이 곧 욥의 경우이다.

　성경에서 고난의 대명사 하면 욥을 들 수 있다. 그는 참으로 인간으로는 견디기 어려운 고난을 받은 자이다. 야고보서 5장 11절은 "보라 인내하는 자를 우리가 복되다 하나니 너희가 욥의 인내를 들었고 주께서 주신 결말을 보았거니와 주는 가장 자비하시고 긍휼히 여기시는 이시니라"고 기록되어 있다. 신약성경에서도 고난에 따른 욥의 인내를 말하고 있는 것이다.

한순간에 건강, 부, 그리고 자신의 성공과 지위 등 모든 것이 사라졌다. 다음 순간에 강도들이 습격을 하였고, 자산을 약탈하였으며, 그의 재산을 파괴하였다. 모든 자식들이 죽었고, 그의 온몸은 악창으로 인하여 머리부터 발끝까지 곪아 터져서 성한 곳이 없었고, 그의 온몸에 구더기가 덮였다.

그러나 욥은 그 이유를 알지 못한다. 그는 무엇을 잘못한 적도 없다고 하였다. 그는 하나님께 죄를 범하지도 않았다고 하였다. 그의 아내를 속이거나 그의 자식들을 학대하지도 않았다. 그는 이러한 고난 중 그 어느 것도 받을 만한 일을 하지 않았다고 하였다.

그렇다면 과연 욥이 그렇게 혹독한 고난을 받을 만한 아무런 이유가 없었을까? 죄 없이 망한 자가 없다고 하였다(욥 4:7). 원인 없는 결과는 없다. 그렇다면 욥이 그러한 고난을 받을 수밖에 없었던

이유는 무엇이었을까?

　필자는 성경학 박사 과정을 마치기 위한 논문 제목을 생각하던 중 '욥의 고난'이 생각났다. 언젠가는 한번 다루고 싶었던 주제였다. 지도교수와 상의하던 중 "구속사적 관점에서 본 욥의 고난"이라는 제목으로 논문을 쓰기로 하였다. 그때 가장 중점을 두고 연구하였던 것이 '욥이 고난을 받은 이유'였다.

　대부분의 욥기 주석들은 욥이 고난받은 이유를 명쾌하게 밝히지 못하고 있다. 하지만 필자 생각은, 성경이 제시하고 있는 문제의 답은 분명히 성경 안에 있다는 것이었다. 이사야 34장 16절은 "너희는 여호와의 책에서 찾아 읽어보라 이것들 가운데서 빠진 것이 하나도 없고 제 짝이 없는 것이 없으니 이는 여호와의 입이 이를 명령하셨고 그의 영이 이것들을 모으셨음이라"고 말하고 있기 때문이다. 성경 말씀은 짝이 있기 때문에 그 짝을 찾아 맞추어 보면 문제의 답도 찾아낼 수 있다는 것이다.

본서는 필자가 성경학 박사 학위논문으로 제출한 내용을 거의 그대로 옮긴 것이다. 본서에서는 욥이 받은 고난, 욥이 고난받은 기간, 그리고 욥이 고난받은 이유를 성경적으로 규명하였고, 욥의 고난을 통해서 본 역대 믿음의 선진들의 종말적 고난을 조명해 봄으로써 종말을 살아가는 성도들이 유념해야 할 점들을 살펴보았다. 그리고 마지막으로 욥이 인내할 수 있었던 이유와 고난을 극복한 결과를 제시하였다.

아직도 더 연구되어야 할 점들이 많지만, 필자가 연구한 내용들이 욥기에 대한 이해에 다소나마 도움이 되었으면 한다.

아울러 이 책이 발간될 수 있도록 격려해 주시고 물심양면으로 지원해 주신 '안양이안과 의원'의 원장 이동식 박사님께 감사드린다. 또한 본서가 집필되는 동안 묵묵히 내조하며 기도해 주고, 버팀목이 되어 주었던 사랑하는 아내 미옥에게 고마움을 표하고 싶다.

    끝으로 나의 부족한 생각과 무딘 붓에 대한 독자 여러분의 아낌없는 지도 편달을 기다린다.

2019년 6월 1일

천국 가는 나그네의 길목에서

하나님의 작은 종 윤병삼 목사

목차

⋮

::: 책머리에 _ *04*

들어가는 말 _ *13*

Ⅰ. / 욥기 이해 _ *17*

Ⅱ. / 욥의 고난 _ *29*
     1. 욥은 과연 어떠한 자인가? _ *30*
     2. 욥이 받은 고난 _ *33*
     3. 욥이 고난받은 기간 _ *47*
     4. 욥이 고난받은 이유 _ *54*

Ⅲ. / 욥의 고난을 통해 본 종말적 고난 _ *81*
     1. 아벨 _ *84*
     2. 에녹 _ *86*
     3. 노아 _ *93*
     4. 아브라함 _ *100*
     5. 사라 _ *112*

6. 이삭 _ *114*
7. 야곱 _ *118*
8. 요셉 _ *121*
9. 모세 _ *126*
10. 라합 _ *129*
11. 다윗 _ *133*
12. 선지자들 _ *136*
13. 예수님 _ *138*
14. 사도 바울 _ *144*

Ⅳ. 욥이 인내할 수 있었던 이유와 고난을 극복한 결과 _ *151*

1. 욥이 인내할 수 있었던 이유 _ *152*
2. 욥이 고난을 극복한 결과 _ *166*

나가는 말 _ *167*

::: 참고문헌 _ *171*

들어가는 말

'구속사'라는 말에서 '구속'(救贖)은 '해방'과 같은 뜻으로, 죄의 속박에서 그 값을 주고 풀려나 자유롭게 되는 '구원'을 말한다. 따라서 '구속'은 반드시 어떤 대가를 지불해야 한다는 것을 전제하고 있다. 죄의 결과인 '사망'(롬 6:23)의 값을 우리 대신 지불하고 구속을 이루신 분은 천상천하에 오직 예수 한 분뿐이시다(마 20:28).

구속사란 바로 이러한 예수 그리스도의 죽음과 부활을 중심으로 죄인들을 구원하는 전 역사를 말한다. 좀 더 폭넓은 의미에서 '구속사'를 정의하자면, 인류의 시조 아담과 하와의 타락으로 잃어버렸던 낙원의 회복을 위해 인류와 만물을 새롭게 하시려는 하나님의 경륜이라 할 수 있다(계 21:5).

우리가 살고 있는 세상의 모든 역사는 하나님의 구원 역사 속에 기초하고 있다. 왜냐하면 하나님이 역사의 근원이자 그 발달과 변화의 근본이기 때문이다(대상 29:11-12; 욥 12:23; 시 103:19; 단 4:25; 엡 1:11). 하나님의 구속사는 세속 역사와 분리된 별개의 역사가 아니다. 하나님은 역사 속에 들어오셔서 역사와 함께, 역사를 통하여,

역사의 지평 위에서 일하고 계시기 때문이다.[1]

　이러한 하나님의 구속사에 동참하는 성도의 바람직한 삶이란 어떠한 환난과 핍박 가운데서도 끝까지 인내하며, 하나님의 말씀을 붙잡고 신앙의 정절을 지킴으로 하나님의 뜻을 이루어 드리는 것이라 할 수 있다.

　신약의 종말장이라 불리는 마태복음 24장을 보면, 말세를 대비한 여러 가지 당부의 말씀들이 기록되어 있다. 그중의 하나가 "끝까지 견디는 자는 구원을 얻으리라"(마 24:13)는 말씀이다. 요한계시록 2장에서는 서머나 교회에게 "네가 죽도록 충성하라 그리하면 내가 생명의 관을 네게 주리라"(계 2:10)고 말씀하고 있다. 마지막까지 참고 견디며 충성하라는 말씀이다.

　또한 요한계시록 14장을 보면 오직 어린양 곧 그리스도만을 따라가며 끝까지 신앙의 정절을 지킨 자들이 시온산에 서 있는 것을 볼 수 있다(계 14:1-5). 이처럼 인내란 성도가 하나님의 뜻을 이루어 드리기 위한 필수 덕목이라 할 수 있다.

　성경에서 '인내의 사람'이라고 하면 욥을 빼놓을 수 없다. 야고보서는 인내하는 자가 복되다고 하면서 인내로 결말을 본 욥을 소개하고 있다(약 5:11). 욥은 온전하고 정직하여 하나님을 경외하며 악에서 떠난 자라고 했다(욥 1:1).

　욥은 하나님께 인정받는 의인이었지만, 사탄의 참소로 시험을 받게 된다. 하나님의 허락을 받은 사탄은 먼저 욥의 모든 재산을

---

1) 박윤식, 《창세기의 족보》(서울: 휘선, 2011, 3판 7쇄), pp. 37-38.

빼앗고 이내 열 자녀까지 다 죽게 만든다. 그러나 욥은 적신(알몸) 신앙으로 "주신 이도 여호와시요 거두신 이도 여호와시오니 여호와의 이름이 찬송을 받으실지니이다"라고 하며, 모든 일에 죄를 짓지 아니하고 하나님을 향하여 어리석게 원망하지 않았다(욥 1:21-22).

사탄은 다시 하나님께 욥을 참소하여 머리부터 발가락까지 악창이 나게 해서 고난을 받게 한다(욥 2:4-7). 욥의 아내는 "그래도 자기의 온전함을 굳게 지키느냐 하나님을 욕하고 죽으라"는 폭언을 한다(욥 2:9). 욥은 아내의 폭언에도 "그대의 말이 한 어리석은 여자의 말 같도다 우리가 하나님께 복을 받았은즉 화도 받지 아니하겠느냐"(욥 2:10)라고 하면서 이 모든 일에 입술로 죄를 짓지 않았다.

그 후 친구들이 찾아와서 여러 가지 말로 위로한다고 하였지만, 욥의 내면이나 하나님에 대한 진실을 알지 못한 상태로 사려 깊지 못한 말을 내뱉어 욥을 더 힘들게 하였다.

본서에서는 욥기 이해, 욥의 고난, 욥의 고난을 통해 본 종말적 고난, 그리고 욥이 인내할 수 있었던 이유와 고난을 극복한 결과를 고찰함으로 마지막 때를 살아가고 있는 성도가 취해야 할 인내 신앙의 자세를 제시하고자 한다.

I

욥기 이해

족장시대(아브라함, 이삭, 야곱, 요셉)를 배경으로 하는 욥기는 모든 것, 즉 부귀, 가정, 건강 등을 잃고 그 이유가 무엇이냐는 질문으로 논쟁하는 사람의 이야기를 다루고 있다.

이 책은 욥의 소개에 이어 하나님과 사탄 사이의 천상의 논쟁으로 시작된다. 그리고 욥과 그의 친구들 사이의 세 차례의 논쟁을 거쳐서 욥의 문제에 대한 극적인 하나님의 진단으로 이어진다. 마지막에 가서 욥은 그의 삶을 주관하시는 하나님의 주권을 인식하며, 또한 환난이 있기 전에 가졌던 것보다 더 많은 것을 얻는다.

히브리어 성경의 표제는 '이요브'(איוב)인데, 두 가지 의미로 해석될 수 있다. 이 이름이 박해를 뜻하는 히브리어 낱말에서 파생되었다면, '박해받는 자'란 뜻일 것이다. 그러나 이 이름은 '다시 돌아오다' 또는 '회개하다'를 뜻하는 아라비아 낱말에서 유래한 것으로 보는 것이 더 옳은 듯하다. 그렇다면 이 이름의 뜻은 '회개하는 자'일 것이다. 이 두 가지 뜻이 모두 이 책에 잘 어울린다. 헬라어 표제 역시 '욥'이다.

❧ 저자

욥기의 저자는 알려져 있지 않고 본문에도 누가 저자인지를 시사하는 구절이 전혀 없다. 따라서 주석가들의 의견은 매우 다양하다. 욥, 엘리후, 모세, 솔로몬, 이사야, 히스기야, 예레미야, 바룩, 에스라 등이 모두 저자 후보에 오른다.

이 책의 히브리적 문화 배경으로 보아 저자가 이방인일 수도 있다. 랍비들의 전승도 일관성이 없다. 어떤 (탈무드) 전승에서는 모세가 이 책을 기록했다고 본다. 우스 땅(욥 1:1)은 미디안과 인접해 있는데, 모세는 미디안 땅에서 40년을 살았다. 또한 모세가 욥이나 엘리후가 남긴 대화의 기록을 접했을 가능성도 있다.

❧ 시대적 배경

예레미야애가 4장 21절에서는 우스를 사해 남동쪽의 에돔 땅에 속한 곳으로 보고 있다. 또한 이곳은 아라비아의 북부 지역이며, 욥의 친구들은 인근 나라들에서 온 자들이다.

욥기의 저작 연대를 근거로 욥기의 사건이 일어난 시기를 아는 것이 중요하다. 이 책에서 언급되는 사건들의 정확한 연대는 알기가 매우 어렵다. 그 이유는 그와 동시대의 역사적 사건이 나타나지 않기 때문이다. 그러나 다음의 여러 사실로 미루어 욥의 연대는 족장 시대, 아마도 아브라함 시대 직후나 창세기 11장과 12장 사이의 기간인 듯하다. 그 이유는 다음과 같다.

⑴ 욥은 이 책의 사건들이 있은 후 140년을 더 살았는데(욥 42:16), 그의 수명은 아마도 근 200세에 가까웠을 것이며, 이러한 점은 족장시대와 잘 부합된다(아브라함은 175세를 향수했다. 창 25:7).

⑵ 욥의 부귀는 금이나 은보다는 가축의 숫자로 측정되었다(욥 1:3, 42:12).

⑶ 아브라함, 이삭, 야곱처럼 욥은 자기 가족의 제사장 역할을 했고 제사도 드렸다(욥 1:5).

⑷ 이스라엘이나 출애굽 또는 모세의 율법이나 성막에 대한 언급이 없다.

⑸ 욥기의 사회 구성단위는 아브라함 시대와 같이 족장이 이끄는 한 가족이었다.

⑹ 욥의 종들을 죽인 갈대아 사람들은(욥 1:17) 유목민이었으며 아직 도시에 거주하기 전이었다.

⑺ 욥기에는 족장 시대의 하나님의 이름인 '샤다이'(전능자)가 31회나 사용되고 있다. 이 초기의 이름인 '샤다이'는 욥기를 제외한 구약성경에서는 모두 17회만 사용되고 있을 뿐이다. '여호와'(주)를 거의 사용하지 않는 점도 이 책의 저작 연대가 모세 이전임을 시사한다. 에스겔 14장 14, 20절과 야고보서 5장 11절은 욥이 역사적으로 실재했던 인물임을 보여준다.[2]

---

[2] 《뉴톰슨 관주 주석성경》(서울: 성서교재간행사, 1985), pp. 760과 761 사이의 간지 앞면.

❧ 구성

1. 욥의 재난(1:1-2:13)
   가. 욥에 대한 소개(1:1-5)
   나. 하나님과 사탄의 논쟁(1:6-2:10)
   다. 친구들의 도착(2:11-13)

2. 욥의 논쟁(3:1-37:24)
   가. 첫 번째 논쟁(3:1-14:2)
   (1) 욥이 자신의 절망을 표현하는 첫 번째 말(3:1-26)
   (2) 욥의 겸손과 회개를 부드럽게 항변하며 촉구하는 엘리바스의 첫 번째 충고(4:1-5:27)
   (3) 화를 내며, 자기를 정죄하는 것에 의문을 제기하면서 자신의 고통에 대한 연민을 요구하는 욥의 엘리바스에 대한 첫 번째 답변(6:1-7:21)
   (4) 하나님을 비난하는 욥을 힐난하는 빌닷의 첫 번째 충고(8:1-22)
   (5) 자신이 완전하지 않지만 공평하지 못한 것을 항변할 수 있다는 욥의 빌닷에 대한 두 번째 답변(9:1-10:22)
   (6) 욥에게 하나님과 바른 관계를 갖도록 권고하는 소발의 첫 번째 충고(11:1-20)
   (7) 그의 친구들이 옳지 않고 오직 하나님만이 아시며 자기에게 말씀하시기를 바란다는 욥의 소발에 대한 세 번째 답변(12:1-14:22)

나. 두 번째 논쟁(15:1-21:34)

(1) 욥이 억측을 부리며 전통적인 견해를 무시한다는 엘리바스의 욥에 대한 두 번째 충고(15:1-35)

(2) 그의 불합리한 비난자들을 하나님께 호소하는 욥의 엘리바스에 대한 네 번째 답변(16:1-17:16)

(3) 욥이 받아야 할 고난을 받고 있다고 말하는 빌닷의 두 번째 충고(18:1-21)

(4) 하나님께 불쌍히 여김을 울부짖는 욥의 빌닷에 대한 다섯 번째 답변(19:1-29)

(5) 하나님의 정의에 이의를 제기하며 하나님을 거절하는 욥을 비난하는 소발의 두 번째 충고(20:1-29)

(6) 소발은 진실과는 멀다고 말하는 욥의 여섯 번째 답변(21:1-34)

다. 세 번째 논쟁(22:1-26:14)

(1) 하나님의 정의를 비판하는 욥을 비난하는 엘리바스의 세 번째 충고(22:1-30)

(2) 하나님은 자신이 죄가 없다는 것을 아시며, 하나님은 그의 섭리와 정화의 목적으로 악한 자가 잠깐 동안 성공하도록 허용하신다는 욥의 엘리바스에 대한 일곱 번째 답변 (23:1-24:25)

(3) 하나님께 직접 호소하는 욥을 조롱하는 빌닷의 세 번째 충고(25:1-6)

(4) 하나님은 실로 완전하게 지혜로우시고 절대적으로 자주적

이시지만, 그들이 생각하는 것처럼 단순하지 않으시다는 욥의 빌닷에 대한 여덟 번째 답변(26:1-4)

라. 마지막 논쟁(27:1-31:40)
(1) 자신의 의를 단언하며 사람은 하나님의 지혜를 알 수 없다는 욥의 탄식(27:1-28:28)
(2) 그의 과거를 기억하고, 현재를 설명하며, 순결을 방어하면서, 하나님께 자신을 방어해 주시기를 요구하는 욥의 두 번째 독백(29:1-31:40)

마. 엘리후의 해결책(32:1-37:24)
(1) 난국을 타결하기 위해 엘리후가 논쟁에 개입한다(32:1-22).
(2) 엘리후는 하나님께서 욥에게 고난을 허용하는 것도 사랑의 목적을 가지고 하실 수 있다는 것을 알아보지 못하고 하나님을 비판한 것에 대하여 욥을 비난한다(33:1-33).
(3) 엘리후는 욥이 하나님이 경건한 삶을 살도록 인도하지 않았다고 주장함으로 하나님의 신실하심을 비난하였다고 선언한다(34:1-37).
(4) 엘리후는 욥에게 주님을 끈기 있게 기다리도록 설득한다(35:1-16).
(5) 엘리후는 하나님이 욥을 단련하고 계신다고 믿는다(36:1-21).
(6) 엘리후는 인간들이 정의와 자비를 섭리하시는 하나님의 조치를 이해한다고는 기대하기 어렵다고 주장한다(36:22-37:24).

3. 욥의 구원(38:1-42:17)

가. 하나님이 욥에게 질문하신다(38:1-41:34).

(1) 욥에 대한 하나님의 첫 번째 답변(38:1-40:2)

(2) 하나님께 대한 욥의 답변(40:3-5)

(3) 욥에 대한 하나님의 두 번째 답변(40:6-41:34)

나. 욥이 고백하고, 예배드리며, 그의 정당함이 입증된다(42:1-17).

(1) 욥이 스스로 한한다(42:1-6).

(2) 하나님이 엘리바스, 빌닷, 그리고 소발을 책망하신다(42:7-9).

(3) 하나님이 욥의 가족, 재산, 그리고 장수를 회복하신다(42:10-17).[3]

❀ 신학적 이해

때때로 사람들은 살아가면서 불행한 일을 당할 때가 있고, 경제적인 문제와 육체적인 문제와 정신적인 문제로 인해서 고통을 당할 때가 있다. 이때 인간은 하나님께 "왜 내가 고통을 당해야만 합니까? 내가 고통을 당할 만한 어떤 잘못이라도 했습니까? 내가 그렇게 큰 죄를 지었습니까?"라고 물을 수 있을 것이다.

그러나 사람은 "하나님! 내가 당하는 고통에 대한 이유를 설명해 주십시오"라고 요구할 수 없는 것이다. 왜냐하면 인간은 하나

---

[3] John MacArthur, *The MacArthur Study Bible* (USA: Word Publishing, 1977), pp. 95-696.

님께서 해주시는 그런 설명을 깨달을 수 있는 IQ가 없기 때문이다. 마치 사람이 돼지에게 진주의 가치를 설명할 수 없는 것과 같다. 인간의 지혜에 한계가 있기 때문이다. 하나님께서 설명을 해주기가 싫어서가 아니라 설명을 해주어도 인간은 깨달을 수가 없기 때문이다. 만일 하나님이 그것을 깨달을 수 있는 지혜, IQ를 넣어 주셨다면 아마 인간들은 이것을 더 악하게 이용할 것이다.

그러므로 하나님은 인간들이 자연을 통치하면서, 서로 도우면서 잘 살아갈 수 있는 지혜만 인간들에게 넣어주셨다. 그러므로 물고기가 물을 떠나서는 살 수 없는 것과 같이 인간도 어떤 한계점을 넘어서는 살 수 없는 것이다.

우리는 성경을 통해서 왜 욥이 고통을 당하게 됐는가에 대해서 알고 있다. 곧 하나님께서 욥을 자랑하시다가 사탄으로 하여금 욥에게 고통을 주어도 좋다고 허락하셨기 때문에 고통의 문제가 발생했던 것이다. 욥이 남보다 더 완벽한 사람이었고, 올바른 사람이었고, 하나님을 두려워했고, 악을 멀리했기 때문에 하나님이 욥을 자랑하시다가 이런 일이 생겼던 것이다.

그러므로 실제로 욥의 고난은 그가 온전하고 정직하여 하나님을 경외하며 악에서 떠난 자였기에 일어났던 것이다. 그러나 욥과 욥의 친구들은 하나님과 사탄의 대화가 있었던 것을 몰랐다. 그런데 재미있는 것은 욥의 친구들은 욥이 고난받게 된 이유를 알고 있었다는 것이다. 그리고 그들은 그들의 지식에 따라서 욥이 죄를 지었기 때문에, 그가 알고 죄를 지었든, 모르고 지었든 관계없이 그가 죄를 지었기 때문에 고통을 당하게 되었다고 이미 판단을 하고 있었다.

그리고 욥은 자기가 잘못한 일이 없었고 죄도 짓지 않았는데 고통을 받고 있으니까, 고통은 죄의 결과로 오는 것이 아니라 다른 이유로 오는 것이니까, 그 다른 이유가 무엇이냐고 가르쳐 달라고 하나님께 요구하고 있었다. 욥은 자기의 고통을 하나님께 불평한 것이 아니었다. 그러나 욥의 친구들은 고통은 죄에서 온 것이기에 죄를 고백하라고 권고했고, 죄를 고백하면 하나님의 용서하심이 있을 것이라고 설득하고 있었다.

여기서 욥과 그의 친구들은 모두 잘못한 것이다.

이제 욥기에서 우리에게 가르치는 중요한 교훈은 우리는 하나님이 하시는 모든 일을 알 수 없다는 것이다. 하나님은 그 사실을 인간에게 설명하시지 않는다는 것이다. 인간에게는 한 문제에 하나의 답밖에 없지만 하나님께는 무수한 답이 있다. 인간에게 1 더하기 1은 언제나 2이지만 하나님께는 2도 될 수 있고, 3이 될 수도 있고, 백만이 될 수도 있는 것이다.

하나님은 선택이 있지만 우리에게는 없는 것이다. 하나님은 법을 만드시고 그 위에 계시지만 인간은 그 법 밑에 있다. 하나님은 누구의 죄를 용서하실 수도 있고, 용서하지 않을 수도 있다.

여기서 욥과 욥의 친구들의 태도가 다르다. 욥의 친구들은 하나의 답, 하나의 판단밖에 없었지만 욥은 그 이외의 답이 있다는 것을 알고 있었다. 그러나 그 답이 무엇인지는 욥도 모르고 있었다. 이제 욥기에서는 "고통은 죄로부터 온다"는 욥의 친구들의 주장과 그 변론과 신학은 잘못된 것이라고 말한다. 욥은 "고통은 죄로부터만 오는 것이 아니다. 그 이유는 하나님 한 분만 아신다. 고통을 주시고 안 주시는 것은 죄가 있든 없든 그것이 문제가 아니라, 하나님의 독단적인 결정이다"라고 말한다.

그리고 욥은 하나님의 독단적인 결정이 무엇이냐고 설명해 달라고 조른다. 그러나 하나님은 그것을 가르쳐 줄 수 없다는 것이다. 그것은 창조의 법칙과 관계된 것이고, 설명을 해도 인간이 깨달을 수가 없기 때문이다. 그리고 하나님은 자신이 하신 것을 인간에게 설명해 줄 의무나 책임이 없다는 것이다. 하나님은 오히려 욥에게 물으신다. "만일 네가 내가 창조할 때 함께 있었고, 창조의 신비성을 알고 있다면 내가 설명하겠다"라고 하셨다.

이때 욥은 자기가 그런 "창조의 신비성"에 대해서 모른다고 고백하고 자기의 지혜, 지식이 제한되어 있는 사실을 깨닫게 된다. 그리고 자신이 질문을 하려던 것이 오히려 하나님께 도전하는 행위였음을 고백하고, 그로 인한 자기의 죄를 고백하게 된다.

그러나 욥의 친구들은 끝까지 자기들의 주장을 변경하지 않았다. 하나님은 이것을 저것으로, 저것을 이것으로 바꾸실 수 있다. 그러나 그들은 그렇게 할 수 없는 것이다. 그래서 그들은 그들의 지혜를 초월하지 못하게 되는 것이다. 그리고 그들은 자기들의 지혜를 하나님의 창조의 법칙 위에 올려놓았다. 하나님은 이들의 이런 태도를 싫어하셨던 것이다. 그리고 하나님은 지식에 의존하고, 자기의 지식을 절대화하는 그들을 반대하셨다.

이제 신앙인은 하나님 앞에서 자기를 벌레와 같은 인간으로 취급하고 자기의 지식을 배설물과 같이 취급해야 한다. 그러나 얼마나 많은 사람들이 자기의 지식을 우상화하고 절대화하고 있는가? 자기의 신앙과 믿음을 절대화하고 있는가? 하나님께서 떡을 분명히 주실 것이라고 김칫국부터 마시는 사람들이 얼마나 많은가? 특별히 하나님께서 확실히 떡을 주시니까 사서 먹으라고 권고하는 자가 얼마나 많은가 특별히 미리 돈을 내고 먹으라고 하는 자들이 얼마나 많은가? 그리고 그 떡고물을 먹는 자들이 얼마나 많은가?

고통의 원인을 설명해 달라는 욥의 신학과 철학과 지식과 신앙은 무엇이었는가? 그리고 자기들의 신앙이나 믿음을 한 걸음도 양보하지 않고 자기들의 입장을 설명하고 증명해 보려는 사람들이 얼마나 많은가?[4]

이상이 성경에서 표면적으로 나타나는 내용이다.

---

[4] 강신택, 《강신택 박사의 히브리어 한글 대역 구약성경》(서울: 도서출판 언약, 2013), pp. 2693-2695.

욥의 고난

1.
욥은 과연 어떠한 자인가?

첫째, 욥은 인간으로서는 도저히 견디기 힘든 고난을 끝까지 견디며 승리했기에 "과연 그가 실제 인물이었는가?" 하는 질문을 던지게 된다. 그러나 욥의 역사성 즉 그가 실제 존재했던 인물이라는 것은 성경의 다른 부분에서 증명된다. 에스겔 14장 14, 20절에서 하나님께서는 욥, 다니엘, 노아를 의로운 자의 표본으로 나란히 거명하셨다.

따라서 다니엘과 노아의 역사성을 의심하지 않는다면 욥의 역사성을 의심할 수 없다. 게다가 이들의 역사성을 의심하는 것은 하나님의 진실성을 의심하는 것이 된다. 왜냐하면 하나님께서는 에스겔을 통해 이들을 실제 역사적인 인물로 언급하셨기 때문이다.

야고보서 5장 11절은 고난 중에 인내하는 자의 표본으로 욥을 제시한다. 야고보는 욥을 사실 그대로 언급하고 있으며, 이것은 욥은 물론이고 욥기에 기록된 사건의 역사성을 인정하는 것이다. 욥이 단순히 가상의 인물이었다면 야고보의 호소는 전혀 설득력이 없을 것이다. 그리고 그의 생활이 실제 사람들에게 무슨 위로가 되겠는가?

둘째, "욥은 어느 시대 사람인가?" 하는 것이다. 욥기의 시대적 배경은 일반적으로 B.C. 2천 년경의 족장 시대로 본다. 이렇게 보는 근거는 다음과 같다. ① 과거 족장들과 마찬가지로 욥이 가장으로서 제사장 역할을 수행하였다는 점(욥 1:5; 창 8:20, 12:7-8) ② 욥의 재산이 유목민이었던 족장들과 마찬가지로 가축의 수효로 측정되었다는 점(욥 1:3) ③ 아브라함이 175년을 산 것처럼 욥 역시 재앙 이후에도 140년을 더 살았을 정도로 장수하였다는 점(욥 42:16) ④ 고고학적 발굴의 결과 B.C. 2천 년경에 셈족들 사이에서 욥이란 이름이 흔히 사용되었다는 점 등에서 욥이 족장 시대 사람이라는 것을 추정할 수 있다.

셋째, "욥이 살던 우스 땅은 어디에 있는 곳인가?" 하는 것이다. 욥기 1장 1절을 볼 때 욥은 '우스'라는 이방 나라에 살았다. 그러나 '우스'라는 지명은 지리적으로 정확히 어느 곳을 가리키는지 알 수 없고, 다만 학자들이 우스를 가나안 북동부의 '바산'이나 사해의 남동쪽에 위치한 '에돔', '아라비아 사막 북부 지역' 가운데 한 곳으로 추정한다. 이중에서 풍습이나 어휘, 지리적 언급, 역사적 배경 등을 고려해 볼 때, 우스는 아라비아 사막 북부 지역에 위치하였을 것이라는 견해가 가장 유력하다.

넷째, "욥의 재산은 얼마나 되었을까?" 하는 것이다. 욥기 1장 3절에 욥을 '동방 사람 중에 가장 훌륭한 자'라고 하였다. 이것은 당대 동방 사람들 중에서 가장 많은 재산 즉 가축을 소유하는 것을 의미한다. 목자들과 유목민들의 부는 집이나 토지로 평가하는 것이 아니라, 소유하고 있는 짐승의 숫자로 평가했다. 아브라함은 가축을 많이 소유하고 있었고(창 13:2), 롯도 양 떼와 소 떼를 거느리고 있었다(창 13:5).

욥이 고난이 끝난 후 부를 되찾았을 때 그의 재산도 같은 방식으로 평가되었음을 알 수 있다(욥 42:12). 특히 그의 재산 중에서 암나귀가 언급되고 있는데, 그 이유는 암나귀들이 젖을 생산할 수 있어서 수나귀보다 값어치가 더 나가기 때문이다.

다섯째, "욥이 걸린 악창이란 질병은 얼마나 심했을까?" 하는 것이다. 첫 번째로 하나님의 승낙을 받아 욥의 모든 재산과 열 자녀들까지 죽게 해도 욥이 그 순결을 지키자(욥 1:6-22), 하나님 앞에서 물러나온 사탄은 두 번째로 욥의 육체를 쳐서 발바닥에서 정수리까지 악창이 나게 하였다. 욥기 2장 7-8절을 볼 때 욥의 악창은 재 가운데 앉아 깨어진 기와 조각으로 몸을 긁어 댈 정도로 매우 심각했다고 한다.[5]

---

5) 《뉴톰슨 관주 주석성경》(서울: 성서교재간행사, 1985), pp. 760과 761 사이의 간지 전면.

2.
욥이 받은 고난

❧ 정신적 고난

가) 모든 재산과 열 자녀를 잃어버린 정신적 고난

모든 재산을 빼앗기고 이내 열 자녀까지 일시에 죽게 됨으로 모든 것을 송두리째 잃어버린 욥은 가히 인간의 생각으로는 도저히 감당하기 어려운 정신적 고난을 당하였다.

욥기 1장 13-19절은 "하루는 욥의 자녀들이 그 맏아들의 집에서 음식을 먹으며 포도주를 마실 때에 사환이 욥에게 와서 아뢰되 소는 밭을 갈고 나귀는 그 곁에서 풀을 먹는데 스바 사람이 갑자기 이르러 그것들을 빼앗고 칼로 종을 죽였나이다 나만 홀로 피하였으므로 주인께 아뢰러 왔나이다 그가 아직 말하는 동안에 또 한 사람이 와서 아뢰되 하나님의 불이 하늘에서 떨어져서 양과 종을 살라 버렸나이다 나만 홀로 피하였으므로 주인께 아뢰러 왔나이다 그가 아직 말하는 동안에 또 한 사람이 와서 아뢰되 갈대아 사람이 세 무리를 지어 갑자기 낙타에게 달려들어 그것을 빼앗으며 칼로 종들을 죽였나이다 나만 홀로 피하였으므로 주인께 아뢰러 왔나이다 그가 아직 말하는 동안에 또 한 사람이 와서 아뢰되 주인의 자녀들이 그들의 맏아들의 집에서 음식을 먹으며 포도주를 마시는데 거친 들에서 큰 바람이 와서 집 네 모퉁이를 치매 그 청년들 위에 무너지므로 그들이 죽었나이다 나만 홀로 피하였으므로 주인께 아뢰러 왔나이다 한지라"고 말하고 있다.

사업을 하다가 조금의 손해만 보아도 마음이 편하지 않고, 한 자녀만 잃어도 그 슬픔을 감당하기 어려운 것이 인간이다. 그런데 모든 재산을 하루아침에 잃고 열 자녀를 하루에 잃게 된 욥의 정신적 고난은 가히 표현이 불가능할 정도였을 것이다.

나) 아내의 핀잔

모든 상황이 감당하기 어려운 처지인데도, 위로하기는커녕, "그래도 자기의 온전함을 굳게 지키느냐 하나님을 욕하고 죽으라"(욥 2:9)는 아내의 폭언에 욥의 마음은 천 갈래 만 갈래로 찢어졌을 것이다.

다) 친구들의 분별없는 자기주장

고난 중에 있는 욥을 찾아온 친구들은 여러 가지 말로 위로한다고 하였지만, 욥의 내면과 하나님에 대한 진실을 알지 못한 상태로 사려 깊지 못한 말을 내뱉어 욥을 더 힘들게 만들었다. 욥은 그러한 친구들을 가리켜 "너희는 다 재난을 주는 위로자들"(욥 16:2)이라고 하였다.

라) 인격적인 고난

① 욥보다 젊은 자들의 희롱

고난 중에 있는 욥을 향하여 젊은 자들이 욥을 희롱하고 농락하였다(욥 30:1). 그로 인하여 욥이 느꼈던 모멸감은 이루 표현할 수 없었을 것이다. 왜냐하면 욥이 보기에 그들의 아비들은 자기의 양 떼 지키는 개 중에도 둘 만하지 못한 자였기 때문이다.

② 얼굴에 침을 뱉는 인격적 모독

욥을 희롱하던 자들은 욥을 미워하여 멀리하고 욥의 얼굴에 침 뱉기를 주저하지 않았다(욥 30:10). 사람의 얼굴에 침을 뱉는 것은 인격적인 모독의 절정이라 할 수 있다. 구약시대에 계대결혼을 행하지 아니하는 자에게도 얼굴에 침을 뱉었으며(신 25:7-9), 대제사장이 예수님을 심문한 후에도 예수님의 얼굴에 침을 뱉었다(마 26:67).

⑧ 육체적 고난

욥이 걸린 악창(惡瘡)은 과연 어떠한 질병인가? 악창은 종기(腫

氣)의 일종이다. 종기는 특히 넓적다리와 무릎 등 하체에 많이 생기므로, 하반신의 신경이 상하여 무감각해지고, 점차 관절로 감염되어 뼈 마디마디를 무력하게 함으로써, 결국 땅을 딛고 서 있지 못하게 만든다. 그렇게 하체에서 발생한 종기는 발바닥에서 정수리까지 몸 전체로 전염되어 감염된 자가 느끼지 못하는 상태에서 피부가 상하여 조금씩 떨어져 나가게 한다.

이러한 병을 앓았던 자가 동방의 의인 욥이다. 그는 발바닥에서 정수리까지 악창이 나서 재 가운데 앉아서 기와 조각을 가져다가 몸을 긁었고(욥 2:7-8), 밤에 잠을 자지 못하고 새벽까지 이리저리 뒤척거렸으며, 그 몸에 구더기가 나고 흙 덩이가 의복처럼 입혔으며, 그 피부는 굳어졌다가 터졌다(욥 7:4-5). 사람이 도저히 상상하기 어려운 이 고통스러운 모습을 본 친구들은 아무 말도 하지 못할 정도였다(욥 2:13).[6]

이 밖에도 악창과 더불어 나타난 부수적인 증상들과 정신적 고통에 따른 스트레스로 욥이 받았던 고통의 증상들은 다음과 같다.[7]

(1) 발바닥에서 정수리까지 고통스러운 악창

사탄은 여호와 앞에서 물러가 욥을 쳐서 그의 발바닥에서 정수리까지 악성 종기가 나게 했다. 욥을 위로하기 위해서 찾아온 세 친구들도 밤낮 7일을 꼬박 욥과 함께 땅바닥에 앉아 있으나 욥의 고통이 너무 큰 것을 보았기 때문에 말 한마디 하는 자가 없었다.

---

6) 박윤식,《횃불언약의 성취》(서울: 휘선, 2013), pp. 264-265.
7) John MacArthur, *The MacArthur Study Bible* (USA: Word Publishing, 1977), p. 704.

종기로 인하여 밤이 되면 뼈가 쑤시는 아픔이 계속되었다.

"사탄이 이에 여호와 앞에서 물러가서 욥을 쳐서 그의 발바닥에서 정수리까지 종기가 나게 한지라"(욥 2:7).

"밤낮 칠 일 동안 그와 함께 땅에 앉았으나 욥의 고통이 심함을 보므로 그에게 한마디도 말하는 자가 없었더라"(욥 2:13).

"밤이 되면 내 뼈가 쑤시니 나의 아픔이 쉬지 아니하는구나"(욥 30:17).

(2) 심한 가려움증과 염증

번제단에서 제물이 다 타고 나면 모든 죄가 사함 받은 것으로 간주되었다. 그때 유일한 증거로 남는 것이 '재'다. 이스라엘 백성들은 재에 앉아서 회개하였다. 니느웨 왕도 "사십 일이 지나면 니느웨가 무너지리라"는 요나의 심판의 말씀을 듣고 재에 앉아서 회개하였다(욘 3:6).

욥은 악창이 그에게 고통을 가했을 때 이미 재 가운데 앉아 있다.[8] 재는 비탄의 상징이다.[9] 욥의 비탄 중에도 악성 종기는 그를 더욱 괴롭혔다. 종기로 인한 가려움증은 손톱으로 긁어서는 시원

---

8) David J.A. Clines, Job 1-20. *Word Biblical Commentary, Volume 17* (Nashville Tennessee: Thomas Nelson, 1989), p. 49.
9) The NIV Study Bible. (Grand Rapids, Michigan: Zondervan, 1985), p. 736.

하지가 않아서 깨어진 기와 조각으로 긁어야 하는 정도였으며 그로 인한 염증은 날로 심해져 갔다.

> "욥이 재 가운데 앉아서 질그릇 조각을 가져다가 몸을 긁고 있더니"(욥 2:8).

(3) 크나큰 비통

욥의 고통이 너무나 큰 것을 보았기 때문에 위로하기 위해서 찾아온 친구들은 욥에게 아무 말도 하지 못할 정도였다.[10] 침묵은 방음장치이다. 욥에게 말을 하는 것은 그의 고통 때문에 무의미하고, 오히려 불친절한 처사이며, 무익하게 되었을 것이다.[11]

> "그들은 밤낮 이레 동안을 욥과 함께 땅바닥에 앉아 있으면서도, 욥이 겪는 고통이 너무도 처참하여, 입을 열어 한 마디 말도 할 수 없었다."(욥 2:13, 표준새번역)

(4) 입맛 상실

정상적인 인간의 삶은 먹는 것과 마시는 것으로 유지된다. 그러나 사람이 먹는 모든 것이 비현실적이며 싫고, 탄식과 신음만 나올

---

10) 강신택, 《강신택 박사의 히브리어 한글 대역 구약성경》(서울: 도서출판 언약, 2013), p. 1510.
11) Steven J. Lawson, *Holman Old Testament Commentary: Job* (B&H Publishing Group, 2004), p. 27.

때 삶은 사는 것 같지 않고 유지될 가치가 없는 것이다.[12] 그러한 처지에 있는 욥에게 입맛이 없는 것은 당연하다.

"먹기도 전에 탄식이 먼저 나오고 물같이 쏟아지는 신음 소리는 막을 길이 없구나."(욥 3:24, 현대인의 성경)

"소금을 치지 않은 싱거운 음식을 먹을 수 있겠느냐? 달걀 흰자위가 무슨 맛이 있겠느냐? 이런 것은 보기만 해도 입맛이 떨어지고 먹을 것을 생각하면 구역질이 날 지경이다."(욥 6:6-7, 현대인의 성경)

(5) 괴로운 불편함

욥의 우울증으로 인한 육체적 부작용은 그가 회복될 때까지 따라다니며 괴롭히기를 계속하였을 것이다.[13]

"나는 음식 앞에서도 탄식이 나며 내가 앓는 소리는 물이 쏟아지는 소리 같구나"(욥 3:24).

(6) 불면증

불면증(insomnia, 不眠症, 문화어: 잠장애)은 잠을 이루지 못하는 수

---

12) David J.A. Clines, *Job 1-20*, Word Biblical Commentary, Volume 17 (Nashville Tennessee: Thomas Nelson, 1989), p. 102.
13) Steven J. Lawson, *Holman Old Testament Commentary: Job* (B&H Publishing Group, 2004), pp. 37-38.

면장애 증세를 말한다. 정확히 말해, 적어도 1개월 이상 잠들기가 어렵거나, 잠이 들더라도 자주 깨는 일이 한 주에 3번 이상 나타나며, 이러한 까닭에 낮 동안 매우 피곤함을 호소하는 등 수면 부족으로 인한 장애들이 나타나는 경우를 일컫는다.

습관적으로 잠을 이루지 못하고, 짧고 단편적인 수면, 얕은 수면, 꿈을 많이 꾸는 수면 등 수면의 양이나 질이 문제가 되는 경우가 해당된다. 만성 불면증으로 이어지면 두통과 소화불량을 일으키며, 짜증을 잘 내는 등 일반적인 신경쇠약 증세가 나타난다.[14]

욥이 잠을 이루지 못하는 것은 그가 앓고 있는 악창으로 인한 피부의 가려움증도 있지만, 그것은 우울증에서 오는 전형적인 증상이기도 하다.[15]

"내가 누울 때는 '언제나 일어날까?' 하고 생각하며 새벽까지 긴긴 밤을 엎치락뒤치락하다가 보낸다."(욥 7:4, 현대인의 성경)

(7) 구더기와 먼지의 만연

구더기는 흰색을 띠며 연하고 밋밋하여 실처럼 기다랗다. 그러한 구더기가 온몸을 덮었고, 깨어진 기와 조각으로 긁어서 생긴 상처에 먼지가 범벅되어 마치 코끼리 다리처럼 주름이 잡힌 상태가 되었다.[16]

---

14) Ko.wikipedia.org/wiki/불면증.
15) David J. A. Clines, *Job 1-20, Word Biblical Commentary, Volume 17* (Nashville Tennessee: Thomas Nelson, 1989), p. 184.
16) 《뉴톰슨 관주 주석성경》(서울: 성서교재간행사, 1985), p. 767.

"내 몸은 온통 구더기와 먼지로 뒤덮였구나. 피부는 아물었다
가도 터져버리는구나."(욥 7:5, 표준새번역)

(8) 계속적인 악창의 분비물 배출

깨어진 기와 조각으로 긁어서 덧이 난 종기가 곪아 터지기를 반복함으로 분비물이 계속하여 흘러내렸다.

"내 피부는 전신에 구더기와 부스럼으로 뒤덮여 있고 내 살은
곪아 터지고 있다."(욥 7:5, 현대인의 성경)

(9) 환각현상

욥기 7장 4절에서, 욥은 수면이 그의 고통스러운 역경을 경감시켜 주기를 바랐지만, 그렇지 않았다. 그가 새벽까지 이리저리 뒤척이고 있지만, 그는 여전히 악몽과 환영으로 놀랐다.

고대 사상을 보면 악몽은 가끔 마귀의 짓이나 하나님의 사자의 일로 간주되었다. 그러나 여기에서 욥은 그것을 하나님께 돌리고 있다. 어떠한 경우이든 욥이 경험하는 것은 그가 기대했던 위안의 정반대이다.[17] 이처럼 그가 잠을 잘 때도 무서운 꿈을 꾸므로 죽기를 바랄 정도였다(욥 7:15-16).

"주님께서는 악몽으로 나를 놀라게 하시고, 무서운 환상으로

---

17) Daniel J. Estes, *Job* (Grand Rapids, Michigan: Baker Publishing Group, 2013), p. 46.

저를 떨게 하십니다."(욥 7:14, 표준새번역)

(10) 썩어가는 피부

곪아 터지기를 반복하며 더욱 깊이 썩어 들어가는 피부는 마치 썩은 물건과도 같았고, 좀이 먹어 군데군데 구멍이 난 옷과도 같았다.

> "그래서 저는 썩은 물건과도 같고, 좀먹은 의복과도 같습니다."(욥 13:28, 표준새번역)

(11) 피골이 상접해 감

사람이 건강을 유지하려면 마음이 편하고 음식의 맛을 느낄 수 있어야 한다. 하지만 악성 종기로 인한 합병 증세로 입맛마저 떨어져서 먹는 것도 괴롭고 모든 음식은 마치 소금을 치지 않은 달걀 흰자위와 같아서 맛이 없고, 오히려 그러한 것을 먹을 생각만 해도 구역질이 날 정도였다. 거기에 더하여 우울증은 그의 입맛을 더욱 상실하게 하였다.

먹는 것이 부실해지고 영양이 제대로 공급되지 않으니 날로 여위어 그의 모습은 피골이 상접할 정도로 앙상해졌고 이마저 다 빠지고 말았다.

> "주님께서 나를 체포하시고, 주님께서 내 적이 되셨습니다.
> 내게 있는 것이라고는, 피골이 상접한 앙상한 모습뿐입니다.

이것이 바로 주님께서 나를 치신 증거입니다. 사람들은 피골이 상접한 내 모습을 보고, 내가 지은 죄로 내가 벌을 받았다고 합니다."(욥 16:8, 표준새번역)

"근심 때문에 눈이 멀고, 팔과 다리도 그림자처럼 야위어졌다."(욥 17:7, 표준새번역)

"나는 피골이 상접하여 뼈만 앙상하게 드러나고, 잇몸으로 겨우 연명하는 신세가 되었다."(욥 19:20, 표준새번역)

(12) 심한 입 냄새

구취(입 냄새)는 입이나 인접 기관에서 유래하는 냄새로서 일반적으로 자신이나 타인에게 불쾌감을 주는 나쁜 냄새를 말한다. 구취는 입, 코, 호흡기, 소화기 등으로부터 발생하지만 약 90%는 입에서 그 원인을 찾을 수 있다.[18]

욥의 건강상태로 보아 입 냄새를 풍길 수 있는 요인은 한두 가지가 아니었을 것이다. 그로 인하여 입에서 풍기는 냄새를 자기 아내도 맡지 못하고 자기 형제들도 곁에 오기를 싫어할 정도였으니 얼마나 고약했을지 상상해 볼 수 있다.

"내 아내도 내 입에서 나는 냄새를 맡지 못하고 내 형제들도

---

18) http://www.medcity.com/jilbyung/kuchi.html.

내 곁에 가까이 오기를 싫어하며."(욥 19:17, 현대인의 성경)

(13) 이들이 빠짐

스트레스는 소화불량, 위염, 피로, 두통, 조울증, 탈모, 여드름 등을 발생시키는 만병의 근원으로 지목되고 있다. 아울러 스트레스와 치아 건강은 서로 밀접한 관계를 갖는다. 스트레스에 노출되면 신체와 구강 내 호르몬 분비에 변화가 생기고 이로 인해 잇몸 질환이 생길 수 있다. 잇몸은 약한 피점막으로 되어 있기 때문에 스트레스와 염증에 상대적으로 취약하다.

스트레스 상태가 유지될 경우 아드레날린이 분비되면서 안면 근육이 긴장하여 이상증상이 나타날 수 있다. 또 침샘의 분비량이 줄어들면서 구강이 건조한 상태가 되어 세균이 활동하기 좋은 환경이 만들어진다.

결국 스트레스로 인한 구강 세균번식은 잇몸과 치아는 물론 치골 건강에까지 직결되는 치명적인 요인인 셈이다. 특히 치골은 세균에 의해 손상될 경우 회복이 거의 불가능하기 때문에 주의해야 한다.[19]

욥이 받았던 스트레스는 이루 말할 수 없는 정도이다. 그로 인하여 이가 다 들떠 올라 빠짐으로 잇몸으로 음식을 씹어 겨우 연명해야 했다.

---

19) xportsnews.hankyung.com/?ac=article_view&entry_id=172182: 만병의 근원 스트레스 …치아와 잇몸도 예외는 아니다.

"뼈에 가죽만 남아 잇몸으로 겨우 연명하는 이 신세."(욥 19:20, 공동번역)

(14) 잔인한 고통

일반적으로 밤이 되면 병세가 악화된다. 특히 욥이 걸린 악창 즉 일명 상피병은 밤에 더욱 악화되는 병으로[20] 뼈가 쑤시며 연속되는 아픔은 그 고통이 잔인할 정도이다.

"밤이 되면 내 뼈가 쑤시니 나의 아픔이 쉬지 아니하는구나" (욥 30:17).

(15) 검게 변하는 피부

악창 즉 상피병은 피부를 검게 한다. 또한 슬픔과 환난이 극심하면 얼굴이 검게 변한다.[21]

"내 피부는 검어져서 껍질이 벗겨졌고 내 뼈는 열기로 타고 있으며."(욥 30:30, 현대인의 성경)

(16) 맹렬한 고열의 체온

악창은 고열을 발생시켜 살갗이 까맣게 변하여 벗겨지게 하며, 마치 뼈가 타는 것 같은 고통을 느끼게 한다.

---

20) 《뉴톰슨 관주 주석성경》 (서울: 성서교재간행사, 1985), p. 789.
21) Ibid., 789.

"살갗은 까맣게 벗겨지고 뼈는 지글지글 타오르는데."(욥 30:30, 공동번역)

(17) 극적인 체중 감소

고난 중에 있는 사람이 입맛을 잃는다면, 체중도 감소한다. 고난은 맛있는 음식을 먹는 것과 같은 즐거움을 빼앗아갈 뿐만 아니라 존재의 의미를 찾는 것마저 잃어버릴 수 있는 위험에 놓이게 한다.[22] 입맛 상실, 치아 손실 등으로 먹는 것이 부실해지니 살이 빠져 몸이 바짝 마르고 앙상한 뼈만 두드러져 극적으로 체중이 감소하였다.

"살이 빠져 몸이 바짝 마르고, 전에 보이지 않던 앙상한 뼈만 두드러질 것입니다."(욥 33:21, 표준새번역)

이상의 내용을 살펴볼 때 욥의 고난은 참으로 인간의 말로 다 표현할 수 없는 것이었으며, 과연 인간이 그러한 고난을 견디어 낼 수 있을까 하는 생각이 든다. 그래서 과연 그가 실제 인물이었는가 하는 질문도 던지게 되었을 것이다. 그러한 고난 중에서도 한 가지 간과할 수 없는 것은 욥이 그러한 고난을 받았던 기간이다.

---

22) David J.A. Clines, *Job 21-37, Word Biblical Commentary, Volume 18A* (Nashville Tennessee: Thomas Nelson, 2006), p. 734.

3.
욥이 고난받은 기간

 욥기에서 욥이 고난받은 기간을 언급하고 있는 곳은 단 두 곳뿐이다. 즉 욥기 2장 13절의 "밤낮 칠 일 동안 그와 함께 앉았으나 욥의 고통이 심함을 보므로 그에게 한 마디도 말하는 자가 없었더라"는 말씀에서 욥과 그의 친구들이 '칠 일 칠 야'를 함께 지내고 있음을 알 수 있다. 또한 욥기 7장 3절에서 "이와 같이 내가 여러 달째 고통을 받으니 고달픈 밤이 내게 작정되었구나"에서 욥의 고난이 '여러 달' 동안 계속되고 있음을 알 수 있다. 그러나 그 외의 어느 곳에서도 욥의 고난 기간을 찾아볼 수 없다.
 하지만 개역성경과 70인역을 비교해 보면, 욥이 고난받은 기간을 알 수 있다. 개역성경에는 욥이 고난받은 총 기간에 대한 기록이 없다. 개역성경과 70인역을 비교해 보면 욥이 고난받은 기간이 그의 나이 70세부터 100세까지 총 30년이라는 것을 알 수 있다.[23]

---

23) 박윤식 목사 설교 "욥이 인내하여 받은 축복" (2007. 3. 4. 주일 3부 예배) 녹취, p. 13.

개역한글 성경은 욥기 42장 16-17절을 다음과 같이 기록하고 있다.

"그 후에 욥이 일백 사십 년을 살며 아들과 손자 사 대를 보았고 나이 늙고 기한이 차서 죽었더라"(참고: KJV – After this lived Job an hundred and forty years, and saw his sons, and his sons' sons, even four generations. So Job died, being old and full of days).

강신택 박사는 《히브리어 한글대역 구약성경》에서 욥기 42장 16-17절을 다음과 같이 해석하고 있다.

"그리고 이 일 후에 이 욥은 140년을 살았다. 그리고 그는 그의 아들들과 그의 아들들의 아들들을 네 세대를 걸쳐서 보았었다. 그리고 이 욥은 죽었었다. 그는 늙었었고, (그의) 날들은 다 찼었다."[24]

[16]וַיְחִי אִיּוֹב אַחֲרֵי־זֹאת מֵאָה וְאַרְבָּעִים שָׁנָה(וַיַּרְא) [וַיִּרְאֶה] אֶת־בָּנָיו וְאֶת־בְּנֵי

בָנָיו אַרְבָּעָה דֹּרוֹת: [17]וַיָּמָת אִיּוֹב זָקֵן וּשְׂבַע יָמִים:[25]

개역성경이나 강신택 박사의 '히브리어 한글 대역 구약성경'에

---

24) 강신택, 《강신택 박사의 히브리어 한글대역 구약성경》(서울: 도서출판 언약, 2013), p. 1595.
25) BibleWorks-Version 6.0, WTT: *BHS Hebrew Old Testament (4th ed); Job*

서 말하는 '후에'는 히브리어 '아하레'(אַחֲרֵי)이다.

히브리어 '아하레'(אַחֲרֵי)는 '…후에'(after) 또는 '…뒤에'(behind)를 뜻하는 히브리어 독립전치사(Independent Preposition) 아하르(אַחַר)의 다른 형태로 아하르(אַחַר)보다는 아하레(אַחֲרֵי)가 더 자주 쓰인다.[26] 강신택 박사의 《히브리어 한글대역 구약성경》의 해석에서 '이 일 후에'로 더욱 분명하게 밝혀주듯이 '이 일 후에'는 '이 일' 즉 '욥의 고난'이 끝난 '후에'라는 의미로, 욥이 고난을 받은 후 140년을 더 살았다는 의미이다.

한편 70인역은 욥기 42장 16-17절을 다음과 같이 기록하고 있다.

"^{16} ἔζησεν δὲ Ιωβ μετὰ τὴν πληγὴν ἔτη ἑκατὸν ἑβδομήκοντα τὰ δὲ πάντα ἔζησεν ἔτη διακόσια τεσσαράκοντα ὀκτώ καὶ εἶδεν Ιωβ τοὺς υἱοὺς αὐτοῦ καὶ τοὺς υἱοὺς τῶν υἱῶν αὐτοῦ τετάρτην γενεάν ^{17} καὶ ἐτελεύτησεν Ιωβ πρεσβύτερος καὶ πλήρης ἡμερῶν"[27](And Job lived after his affliction a hundred and seventy years: and all the years he lived were two hundred and forty: and Job saw his sons and his sons' sons, the fourth generation. And Job died, an old man and full of days)[28]

70인역을 보면 '…후에'(after) 또는 '…뒤에'(behind)를 뜻하는 히

---

26) Gary D. Pratico, Miles V. Van Pelt, *Basics of Biblical Hebrew Grammar* (Grand Rapids, Michigan: Zondervan, 2001), pp. 50, 447.
27) BibleWorks-Version 6.0, BGT: BibleWorks Greek LXX BNT
28) BibleWorks-Version 6.0, *LXX English Translation (Brenton)*.

브리어 '아하레'(אחרי)에 해당하는 단어가 헬라어 '메타'(μετὰ)로 나와 있는 것을 볼 수 있다. 그런데 헬라어 '메타'(μετὰ)는 격에 따라 의미가 달라진다. 소유격(속격)(Genitive)의 경우는 '…과 더불어'(with)가 되며 목적격(대격)(Accusative)의 경우는 '후에'(after)가 된다. 그런데 소유격을 수반하는 '메타'(μετὰ)의 목적어는 보통 한 사람이나 한 개인의 개념이 된다.[29]

따라서 70인역에서 '메타'(μετὰ)는 욥의 고난을 수반하기 때문에 목적격이 아니라 소유격으로 보는 것이 타당하다. 따라서 70인역에서 '메타'(μετὰ)의 의미는 '고난과 더불어' 또는 '고난이 시작된 때부터'로서 '욥이 고난을 받기 시작한 때부터'라는 의미가 된다.

따라서 70인역의 욥기 42장 16-17절은 다음과 같이 해석할 수 있다. 즉 "그리고 욥은 고난이 시작된 때부터 170년을 살았고, 그가 산 햇수는 240년이며, 욥은 아들과 손자 사 대를 보았고 나이 늙고 기한이 차서 죽었더라"이다.

한편 70인역을 영어로 번역한 LXX English Translation(Brenton)에는 'after'로 되어 있는 것을 볼 수 있다. 하지만 그것을 단지 '후에'라는 의미로 해석할 때 '욥은 이 고난 후에 170년을 살았다'는 의미가 되므로 '그 후에 욥이 일백사십 년을 살며'라고 번역하고 있는 개역성경의 내용과도 맞지 않는다. 따라서 70인역의 '메타'(μετὰ)는 '…과 더불어' 또는 '…이 시작된 때부터'로 해석하는 것이 타당하다고 할 수 있다.

---

29) Willam D. Mounce, *Basics of Biblical Greek Grammar* (Grand Rapids, Michigan: Zondervan, 2003), pp. 61, 400.

이상과 같은 내용을 감안하여 두 성경을 비교해 볼 때, 욥이 고난당한 기간은, 욥이 고난을 당한 후에 140년을 살았다는 것과 고난이 시작된 때부터 170년을 살았다는 기간을 비교하여 계산하면, 170-140=30년이 된다.

또한 욥이 고난을 받기 시작한 나이는 욥의 수명 240세에서 고난이 시작된 때부터 살았던 기간 170년을 빼면, 240-170=70세가 된다. 욥의 고난이 끝난 나이는 욥이 고난받기 시작한 나이 70에 고난받은 기간 30을 더하면, 70+30=100세가 된다. 그 후에 140년을 더 살았기 때문에 욥의 수명은 100+140=240세가 됨을 알 수 있다.

욥은 고난을 받은 후에 2배의 복을 받았는데(욥 42:10, 12), 고난 전에 70년을 살고 고난 후에 140년을 살았다고 보는 것이 이러한 2배의 복을 받은 것과도 일치하는 견해이다.

욥이 고난받은 기간에 대한 또 다른 근거는, 비단 외경으로 간주되어 그 신빙성을 주장하기에는 다소 무리가 있을 수 있다. 그러나 욥의 고난 기간을 언급하고 있는 다음의 '바울의 묵시록'을 참고할 수 있다.

그가 나에게 하는 말이 끝났을 때 또 다른 용모가 아름다운 사람이 멀리서부터 미소를 지으면서 오는 것이 보였다. 그리고 그의 천사들이 찬양의 노래를 부르는 것도 보였다. 나는 나와 같이 있는 천사에게 "의인들은 각각 한 사람의 천사를 동료로 가지고 있는 겁니까?"라고 말하였다. 그러자 그는 나에게 "성도들은 각각 자기의 시중을 드는 사람을 데리고 있으며 찬양의 노래는 그들이 부르는 것이다. 그리고 그들은 서로 떨어지는 일이 없다"라고 말하였다. 나는 "주여, 저 사람은 또 누구입니까?"라고 물었다. 그러자 그는 "그는 욥이다"라고 말하였다. 그는 내게 가까이 오자 인사를 하며 말하였다.

"형제, 바울이여, 당신은 하나님과 사람들로부터 크게 칭찬받고 있습니다. 나는 삼십 년 동안 종기 때문에 매우 고통한 욥입니다. 맨 처음 내 몸에 생긴 상처는 밀알과 같은 것이었는데 사흘째에 그것은 당나귀의 발처럼 되었습니다. 환부(患部)에서 떨어지는 구더기 중에는 손가락 넷 정도의 길이가 되는 것도 있었습니다. 또 악마가 세 번째 나타나 나에게 '주를 향하여 무엇이든지 저주하는 말을 하고 죽어버려라'라고 말하였습니다. 나는 그에게, '하나님의 의사가 그러시면 일생 죽을 때까지 고통 가운데에 머물러 있겠다. 주 하나님을 찬양하는 것을 그만두지는 않겠다. 그러면 나는 더 많은 보상을 받을 것이다'라고 말하였습니다. 즉 나는 이 세상에서의 고통은 후에 받을 안식에 비하면 아무것도 아니라는 것을 알고 있었습니다. 그런 까닭으로 바울이여, 당신은 행복합니다. 또 당신으로 말미암아 신앙에 이른 민족은 행복합니다."[30]

욥은 3개월도, 3년도 아니고 자그마치 30년 동안이나 풀무 불 같은 고난을 당하면서도, 입으로 하나님을 원망하거나 저주하지 않고, 하나님의 이름을 찬양하였다. 하나님은 시련을 받기 이전이나

---

30) http://blog.daum.net/bkt6707/12387289.

시련을 받은 이후나 변함없이 동일한 욥의 신앙을 칭찬하시고, 욥을 꾸짖은 세 친구는 우매하다고 책망하셨다(욥 42:1-2).

욥이 그들을 위해 하나님께 제사를 드리고 중보기도를 한 후에야, 하나님께서는 욥에게 그 전 소유보다 갑절의 축복을 주셨다(욥 42:10). 또한 일곱 아들과 세 딸을 주셨는데, 그의 딸들은 당대 최고의 미인이었다(욥 42:13-15). 하나님의 말씀만을 붙잡고 끝까지 인내하는 자에게 주시는 축복이라 할 수 있다.

4.
욥이 고난받은 이유

　대부분의 주석들은 욥이 고난받은 이유를 분명하게 제시하지 못하고 있다. 반면에 여러 가지 회의적인 질문을 던지고 있다. 그 예를 들면 다음과 같다.

　온 세상의 주관자 되시는 하나님의 선하심과 전능하심을 믿는 사람들이 간혹 품게 되는 의문점에 관한 것이다.
　"하나님이 전능하시고 공의로우시다면, 왜 의인이 고난당하고 악인이 형통하는 것을 방관한 채 계시는가? 하나님은 실제로 공의로우신가? 하나님은 과연 전능하신가? 하나님은 땅 위에 도덕적인 질서를 유지할 수 없는 것은 아닌가?"
　욥기는 이와 같은 질문들에 답할 목적으로 기록되었다. 욥은 극심한 고난을 통해 자기 연민에 빠지고, 하나님에게 불평하기도 했다. 그러나 결국에는 '하나님이 모든 것을 합력게 하여 선을 이루신다'(롬 8:28)는 진리를 시련을 통해 확고하게 깨달았다. 비록 욥은 자신의 고난에 대해 이유를 알지 못했지만, 이 책은 하나님의 고귀한 목적이 무엇인가를 밝혀준다.

오늘날 신실한 신자들에게도 예기치 못한 재난이 닥칠 수도 있다. 이 경우에 욥의 경험은 큰 본이 될 것이다. 고난은 결코 하나님에 의해 버림받은 표시가 아니다. 그것은 하나님의 섭리를 따라 주어지는 것이다. 그러므로 고난 중에서도 믿음을 굳게 갖고, 하나님을 원망하지 말아야 한다. 때가 되면 하나님이 고난의 이유를 밝히실 것이기 때문이다.[31]

이 의미심장한 책을 읽음에 있어서, 우리는 모두 그 주제가 고난의 문제라는 것을 안다. 그러나 고난의 문제가 정확하게 무엇인가? 그것이 많은 사람들이 갖는 질문이다. 즉 왜 고난이 발생했는가? 그 발단과 원인은 무엇인가? 또는 좀 더 개인적인 문제로 본다면, 무슨 까닭으로 이 특별한 고난이 나에게 닥쳤는가? 그러나 대개 이러한 방법으로 질문을 하는 것은, 현대적인 세상에서, 마치 우리는 그러한 방법으로 참다운 이해에 도달할 수 있는 것처럼, 일의 원인을 찾기 위한 우리들의 관념을 반영한다고 할 수 있다. 그 고난의 원인에 대한 질문이 진지하지만 욥기는 어떠한 만족할 만한 답을 주지 않는다….[32]

---

31) 《아가페 큰글성경》(서울: 아가페, 1995), p. 761.
32) G.J. Wenham, J.A. Motyer, D.A. Carson, R.T. France, *New Bible Commentary, 21st Century Edition* (Downers Grove, Illinois: InterVarsity Press, 2001), p. 459.

욥기는 고통에 압도된 한 선한 사람에 대한 실화를 이야기한다. 그는 그의 재산, 그의 가족, 그의 건강을 빼앗겼다. 그는 하나님이 그에게 그렇게 하신 이유를 알지 못한다. 단지 독자만이 하나님께서 욥의 신앙이 진짜라는 것을 사탄에게 입증하려고 노력하고 있다는 것을 안다. 세 친구들이 그의 비참함을 위로하기 위해 오며, 네 사람 간에 장시간의 토론이 전개된다. 그 친구들은 욥의 고난이 그의 죄와 연결되어 일어난 것이라고 설명하려고 한다. 회개하고 하나님과 화해하라는 그들의 충고를 받아들이는 대신, 욥은 자신의 결백을 주장하며 하나님의 공정한 대우를 요구한다….".[33]

욥의 고난에 따른 경우와 사건들은 모든 시대의 신앙인들의 믿음에 의미심장한 질문을 제시한다. 왜 욥이 하나님을 섬기는가? 욥은 노아 및 다니엘과 비교되어 그의 의로움, 그리고 그의 영적인 인내로 알려졌다(약 5:11). 욥의 호된 시련을 통하여 몇 가지의 다른 질문들이 암시되었다. 예를 들면, "왜 의인이 고난을 받는가?" 그 질문에 대한 대답이 중요한 것처럼 보이지만, 욥기는 그러한 대답을 말하지 않는다. 욥은 고난에 대한 이유를 결코 알지 못했고 그의 친구들도 알지 못했다. 그 의로운 피해자는 그의 고통을 촉진시킨 하나님과 사탄 사이에 벌어진 천국법정 논쟁의 어떠한 것도 알아보고자 하지 않는다.

실제로, 결국 우주의 주님과 마주 대하게 되었을 때, 욥은 그의 손

---

33) Francis I. Andersen, *Job, An Introduction and Commentary* (Downers Grove, Illinois: InterVarsity Press, 2008), p. 15.

을 자신의 입에 대고 아무 말도 하지 않았다. 욥의 침묵의 응답은 그가 견디었던 그 강렬한 고통과 상실을 어떠한 방법으로도 미미하게 하지 않는다. 그것은 단지 고난은 다른 모든 인간들이 경험하는 것과 같이, 완전한 신적 지혜에 의해서 관리되기 때문에 고난 중에 하나님의 목적을 신뢰하는 중요성을 과소평가하였다. 마지막에 배운 교훈은 사람은 결코 그의 고난에 대한 구체적인 이유를 알지 못할 수 있다는 것이다; 그러나 사람은 하나님의 주권을 신뢰해야 한다. 그것이 고난에 대한 진짜의 답변이다.[34]

이상의 주석 내용들에서 보는 바와 같이 대부분의 주석들은 욥이 고난받게 된 이유를 분명하게 설명하지 못하고 있다. 그렇다면 과연 욥이 고난받을 만한 이유가 없었을까 하는 것이다.

하나님과 사탄의 대화에서, 하나님이 욥을 칭찬하자 사탄은 하나님께서 욥을 감싸고 복을 주셨기 때문이라고 참소한다(욥 1:8-11). 두 번째의 대화에서도 하나님은 욥을 칭찬하시지만 사탄은 하나님께서 욥의 생명을 지켜주시기 때문이라고 참소한다(욥 2:1-5). 하나님께서 욥을 "순전하고 정직하여 하나님을 경외하며 악에서 떠난 자"라고 칭찬하신 말씀에서 우리는 욥이 고난받을 만한 이유를 전혀 발견할 수 없다.

그렇다면 공의의 하나님이 단지 사탄의 참소거리도 되지 않는 참소 때문에 욥을 시험하도록 허락하셨다는 말인가? 사탄의 그러

---

34) John MacArthur, *The MacArthur Study Bible* (USA: Word Publishing, 1977), pp. 693-694.

한 참소 때문에 욥을 시험하도록 허락하셨다는 것으로 하나님의 공의에 대한 질문을 던질 수도 있을 것이다. 그러나 자기 아들이 잘못한 것도 없는데 그저 시험해 보라고 사랑하는 아들이 그토록 모진 고난을 받도록 깡패에게 내어주는 부모가 어디 있겠는가? 욥에 대한 하나님의 사랑도 마찬가지다.

스데반 집사는 돌에 맞아 순교하기 직전에 성령이 충만하여 하늘을 우러러 보며 예수께서 하나님 우편에 서신 것을 본다고 하였다(행 7:55-56). 예수님은 부활하여 승천하신 후 하나님의 우편에 앉아 계신다고 했다(막 16:19; 눅 22:69). 그렇다면 왜 예수님은 스데반 집사가 순교하는 것을 보시며 일어서 계셨을까? 스데반 집사의 순교를 보시며 안타까워하시는 사랑의 주님의 모습이라 할 수 있다.

그렇다면 인류의 죄를 위해 자신의 독생자까지 십자가에 죽도록 내어주시면서 인류를 사랑하신 하나님이, 어찌 하나님께서 감싸주시고 복 주신 것과 생명을 지켜주시기 때문이라는 사탄의 참소에, 욥이 그토록 모진 고난을 받도록 허락하실 수 있겠는가?

물론 우리 인간은 하나님이 하시는 일을 다 알 수 없다. 세상에서는 우리가 도저히 이해할 수 없는 일들이 많이 벌어지고 있지만, 그 원인을 알 수 없는 것과 같다. 오직 그 일들을 행하시는 하나님만이 아시기 때문이다.

전도서 3장 11절은 "하나님이 모든 것을 지으시되 때를 따라 아름답게 하셨고 또 사람들에게는 영원을 사모하는 마음을 주셨느니라 그러나 하나님이 하시는 일의 시종을 사람으로 측량할 수 없게 하셨도다"라고 말하고 있다.

또한 전도서 11장 5절은 "바람의 길이 어떠함과 아이 밴 자의 태에서 뼈가 어떻게 자라는 것을 네가 알지 못함같이 만사를 성취하시는 하나님의 일을 네가 알지 못하느니라"고 말하고 있다. 그래서 하박국 선지자는 "주께서는 눈이 정결하시므로 악을 차마 보지 못하시며 패역을 차마 보지 못하시거늘 어찌하여 거짓된 자들을 방관하시며 악인이 자기보다 의로운 사람을 삼키는데도 잠잠하시나이까"(합 1:13)라고 호소하였다.

욥에게 닥친 일련의 사건들은 욥에게는 예상치 못한 재앙이다. 재앙이란, "천재지변이나 뜻하지 않은 사고 등으로 인한 매우 고통스럽고 불행한 일, 하나님께서 내리시는 치명적인 재난"(창 12:17, 19:19; 민 8:19; 삿 2:15)을 뜻한다.

성경에서는 원인 없이 내리는 재앙은 없다. 재앙을 당하는 것은 반드시 그렇게 되도록 만든 결정적인 죄가 있기 마련인 것이다(욥 4:7, 5:6). 여러 가지 재앙이 혹독하게 내릴 때 "재앙이 탄식보다 무거움"(욥 23:2)이라고 표현하기도 하였고, 하나님을 경외하고 그 말씀에 순종하는 자는 재앙을 만나지 않고 평안한 삶을 살게 된다고 하였다(시 91:9-10; 잠 1:33, 19:23).[35]

원인 없는 결과는 없다. 성경은 우리 인간들이 고난받는 이유를 경우별로 분명히 제시하고 있다. 성경이 문제를 제기했다면 그 답 또한 성경 안에 있다. 이사야 34장 16절에서는 "너희는 여호와의

---

35) 박윤식,《횃불 언약의 성취》(서울: 휘선, 2013), p. 104.

책을 자세히 읽어 보아라. 이 동물들 중에 하나도 빠진 것이 없고 그 짝이 없는 것이 없으니 이것은 여호와께서 그렇게 되도록 명령하셨고 성령께서 그것들을 함께 모으셨기 때문이다"(현대인의 성경)라고 말하고 있다.

이 땅에 창조하신 동물들도 다 그 짝을 만드신 하나님이신데, 어찌 하나님의 말씀에 짝이 없겠는가? 즉 하나님의 말씀도 그 짝을 맞추어 보면 뜻을 알 수 있다는 것이다. 구약성경과 신약성경이 예수님에 대한 그림자와 실체로 하나의 짝을 이루고 있으며, 예언과 성취가 짝을 이루듯이, 욥이 시험을 받은 이유도 성경 안에서 찾아볼 수 있다는 것이다.

하나님이 욥에 대한 사탄의 참소를 받고 시험을 허락하신 이유를 살펴보기로 한다. 욥의 의로운 행동과 자신이 의롭다고 주장하는 내용, 그에 대한 친구들과의 논쟁 그리고 최종적인 하나님의 직접적인 말씀을 비교해 봄으로 욥이 사탄의 시험을 받게 된 이유를 알 수 있게 된다.

먼저, 욥이 시험받기 전의 모습에서 그의 의로운 삶, 즉 악에서 떠난 삶의 모습을 볼 수 있다. 욥기 1장 4-5절은 "그의 아들들이 자기 생일에 각각 자기의 집에서 잔치를 베풀고 그의 누이 세 명도 청하여 함께 먹고 마시더라 그들이 차례대로 잔치를 끝내면 욥이 그들을 불러다가 성결하게 하되 아침에 일어나서 그들의 명수대로 번제를 드렸으니 이는 욥이 말하기를 혹시 내 아들들이 죄를 범하여 마음으로 하나님을 욕되게 하였을까 함이라 욥의 행위가 항상 이러하였더라"고 말하고 있다.

자기 자녀들이 잔치하는 날에 혹시라도 죄를 지었을까 하여 그 명수대로 번제까지 드렸다. 의(義)에 대하여 결벽증에 가까운 욥의 의로운 행동을 볼 수 있다. 또한 그가 고난을 받는 중 옛날을 추억하며 자신의 의로움을 말하고 있다. 즉 이전에는 자기의 양 떼 지키는 개만도 못한 자들의 자녀들이 이제는 자기를 놀리고 있다는 것이다(욥 30:1). 성경에서 개는 토한 것을 도로 먹고(잠 26:11), 더러운 고기(출 22:31)나 사람의 시체까지 먹었던(왕상 14:11; 왕하 9:10) 부정한 동물로 묘사되기도 한다.

다음으로, 친구들과의 논쟁에서 욥이 자신을 의롭다고 주장하는 것과 친구들이 지적하는 내용을 욥기에 나타난 순서대로 살펴보기로 한다.

(1) 욥이 고난 중에 자기 생일을 저주하자 그에 대한 데만 사람 엘리바스의 지적: "사람이 어찌 하나님보다 의롭겠느냐 사람이 어찌 그 창조하신 이보다 깨끗하겠느냐"(욥 4:17).

욥기 4장에서 5장은 욥의 겸손과 회개를 부드러운 말로 촉구하는 엘리바스의 첫 번째 충고 내용이다. 욥기 4장 17절에서 엘리바스는 욥이 자신의 입장을 부정직하게 평가하는 것을 묵시적으로

힐난하고 있다.[36]

　엘리바스의 충고에 앞서, 욥이 자기 생일을 저주하는 욥기 3장 1-26절의 내용을 살펴보면, 재정적, 신체적, 지적, 정서적 그리고 영적으로 극심한 고통 가운데서 욥이 자신의 신세를 한탄하며 현 상태를 진술해 나가는 것을 볼 수 있다. 욥은 하나님을 직접 욕하지도 않으며, 고난을 주신 하나님에게 항변하고 있지도 않다. 그의 저주는 다만 그가 태어난 날에 대한 것일 뿐이다. 저주의 구체적인 대상은 그가 태어난 날과 모태 안에 있었던 밤이다. 특히 밤이 저주의 요체이다(욥 3:2-10). 욥은 밤이 존재하지 않았더라면, 그가 고통의 세상에 나오지 않았을 것이라고 주장한다.

　하지만 그가 자신이 태어난 날, 특히 그가 태어난 날과 모태 안에 있었던 밤을 저주하는 것은 결국 밤과 낮은 물론 우주의 삼라만상을 창조하시고 자기를 이 세상에 태어나게 하신 하나님을 원망하는 내용이 내포되어 있음을 알 수 있다. 즉 "의로운 내가 왜 이러한 고난을 받아야 하는가?" 하는 것이다.

　이는 마치 아담이 하나님의 말씀에 불순종함으로 자신이 지은 죄의 결과를 자기에게 선악과를 주어서 먹게 한 하와에게 전가했고, 하와는 자기를 유혹한 뱀에게 전가함으로 결국 뱀을 창조하신 하나님께 그 책임을 전가했던 것과 같은 이치라 할 수 있다(창 3:12-13).

　욥이 자기의 생일을 저주하며 자신의 신세를 한탄하는 것에 대

---

36) John H. Walton, *The NIV Application Commentary: Job* (Grand Rapids Michigan: Zondervan, 2012), p. 160.

하여 엘리바스는 욥기 4장 17절에서 "사람이 어찌 하나님보다 의롭겠느냐 사람이 어찌 그 창조하신 이보다 깨끗하겠느냐"라고 한다. 여기에서 엘리바스는 욥을 포함하여 그 누구도 하나님 자신의 의에 대한 기준에 비교될 때 의롭게 간주될 수 없다고 주장한다.

이러한 이유로 엘리바스는 실제로 지혜서(시편 1편)에서 말한 의롭고 지혜로운 자와 악하고 어리석은 자 사이의 구분을 망각하며, 그것을 죄 많은 인류의 단순한 범주로 바꾸어 놓는다. 엘리바스는 욥에 대한 그의 평가를 정당화하기 위해서, 너무 광범위한 붓으로 도색하며, 모든 인간들을 하나님 앞에서 소망이 없는 존재로 취급한다. 엘리바스는 그의 서언에서 욥에 대한 하나님의 칭찬을 이해하거나 평가하지 않는다. 왜냐하면 그는 그 이유를 알지 못하기 때문이다.[37]

하지만 엘리바스의 결론은, 결국 욥은 족할 만큼 거룩하지 않았고 족할 만큼 의롭지 않았기 때문에 고난을 받는다는 것이다.[38]

(2) 엘리바스가 책망을 계속하자 욥이 그의 불평을 정당화하며 그의 친구들을 책망하는 말: "너희는 돌이켜 행악자가 되지 말라 아직도 나의 의가 건재하니 돌아오라 내 혀에 어찌 불의한 것이 있으랴 내 미각이 어찌 속임을 분간하지 못하랴"(욥 6:29-30).

욥기 3장에서 욥이 자신의 생일을 저주하자, 엘리바스가 그 기

---

[37] Daniel J. Estes, *Job* (Grand Rapids, Michigan: Baker Publishing Group, 2013), pp. 28-29.
[38] John MacArthur, *The MacArthur Study Bible* (USA: Word Publishing, 1977), p. 701.

회를 이용하여 도전한다(욥기 4, 5장). 엘리바스는 참으로 야비하게 자기의 말을 시작했다. 그는 "너의 경외심이 너를 확신시키지 않느냐? 너의 완벽성과 너의 걸었던 길들이 네게 희망을 주지 않느냐"라고 말하면서 욥의 마음을 아프게 했던 것이다. 결국 너는 경외심도 완벽성도 없다는 것이다.[39]

이에 욥은 친구들이 친구로서의 역할, 즉 아픔을 위로해 주지는 못하고 오히려 자신과 논쟁하려는 태도를 보이는 것을 못마땅하게 여기며, 자신의 처지를 액면 그대로 받아 주기를 바라고 있다.[40]

하지만 욥은 자신이 죄를 지었다는 것을 받아들이지 않고 있다. 오히려 그는 자기를 비난하는 자들에게 "내가 만일 죄를 지었다면 그것이 어디에 있는지 보여 보라"고 하였다. 욥은 그의 친구들의 둔감함을 고발하였으며, 그의 무죄를 주장하지 않은 반면에, 그의 삶에서 직접적으로 그러한 고난으로 인도한 죄가 없었다는 것을 확신하였다.[41] 욥은 여전히 "내 일이 의롭다"라고 하면서 자신의 의로움을 내세우고 있음을 볼 수 있다.

(3) 소발의 첫 번째 논술: "네 말에 의하면 내 도는 정결하고 나는 주께서 보시기에 깨끗하다 하는구나"(욥 11:4).

욥기 11장은 욥에게 하나님과 바르게 되라고 권고하는 소발의

---

39) 강신택, 《강신택 박사의 히브리어 한글 대역 구약성경》(서울: 도서출판언약, 2013), p. 2966.
40) 《아가페 큰글성경》(서울: 아가페, 2006), p. 766.
41) John MacArthur, *The MacArthur Study Bible* (USA: Word Publishing, 1977), p. 703.

첫 번째 충고 내용이다. 이에 대하여 욥은 결코 무죄를 주장하지 않았다. 그리고 욥은 실제로 그가 죄를 지었음을 인정하였다(욥 7:21, 13:26). 하지만 그는 여전히 어떤 커다란 범죄나 회개하지 않는 태도에 대해서는, 신앙인으로서의 성실과 완전함 그리고 하나님께 대한 순종을 단언하며 그의 정결을 주장하였다. 이것이 소발을 격노하게 하였으며, 그는 욥의 친구들의 비난을 하나님 자신이 확인해 주시기를 바랐다.[42]

(4) 친구들에게 대답하는 욥: "하나님께 불러 아뢰어 들으심을 입은 내가 이웃에게 웃음거리가 되었으니 의롭고 온전한 자가 조롱거리가 되었구나"(욥 12:4).

욥기 12장 1절에서 14장 22절까지는 그의 친구들이 옳지 않고 오직 하나님만이 아시며 자기에게 말씀하시기를 바란다는 욥의 세 번째 답변이다. 욥은 고대 이스라엘 문화의 전형적인 명예와 수치의 관계에 대한 관점에서, 그의 고난을 다른 각도에서 설명한다(욥 12:4-6).[43] 욥은 자신들만 총명을 가지고 있는 것처럼 자기를 마구 질책하고 있는 친구들의 독선적인 태도에 대해 비난한다.

그리고 하나님께 부르짖어 응답받은 그가 이제는 친구들에게 웃음거리가 되고 말았고, 의롭고 흠 없는 자가 오히려 조롱거리가

---

42) Ibid., p. 708.
43) Kathleen M. O'Connor, *New Collegeville Bible Commentary Volume 19 Old Testament: Job* (Liturgical Press, 2012), p. 35.

되었다고 하며, 여전히 자신의 의로움과 순전함을 내세우고 있다.

(5) 자신의 순결을 변호하는 욥: "보라 내가 내 사정을 진술하였거니와 내가 정의롭다 함을 얻을 줄 아노라"(욥 13:18).

욥은 재판이 그의 죽음으로 끝난다 해도 하나님이 재판에 나오셔서 하나님의 방침을 설명하게 하자고 감히 제시하고 있다(욥 13:3-19).[44]

이와 같이 욥은 자신의 결백을 당당하게 주장하면서, 자신에게 반대하는 자들을 향해 공공연하게 도전을 선언한다(욥 13:17-19). 그러면서 스스로 의롭다는 것을 거듭 주장한다.

(6) 엘리바스의 두 번째 논술: "사람이 어찌 깨끗하겠느냐 여인에게서 난 자가 어찌 의롭겠느냐"(욥 15:14).

욥기 15장은 욥이 억측을 부리며 전통적인 견해를 무시한다는 엘리바스의 두 번째 충고 내용이다. 엘리바스는 욥기 15장 11-13절에서 말한 내용을 볼 때 욥이 알고 있는 것을 그도 알고 있었다. 그는 앞에서 언급했던 것과 같이 부드럽게 경고한다. 그는 누구도 하나님의 눈에는 깨끗하거나 의롭지 않다는 말로 욥의 의식을 강력

---

44) Steven Chase, *Belief A Theological Commentary on the Bible: Job* (Westminster John Knox Press, 2013), p. 91.

하게 깨우치고자 한다.[45]

(7) 욥의 죄를 비난하는 엘리바스: "네가 의로운들 전능자에게 무슨 기쁨이 있겠으며 네 행위가 온전한들 그에게 무슨 이익이 있겠느냐"(욥 22:3).

욥기 22장은 하나님의 정의를 비판하는 욥을 비난하는 엘리바스의 세 번째 충고 내용이다. 엘리바스는 욥을 향하여 세 가지로 비난하였다. 욥은 죄인이고(욥 22:1-11), 자신의 죄를 숨기고 있으며(12-20절), 자신의 죄를 고백하고 하나님 앞에 회개해야 한다는 것이다. 그중 22장 1-3절의 내용은 욥의 교만 죄를 비난하는 내용이다.[46] 자신의 의로움을 줄기차게 주장하는 욥에게 엘리바스는 설령 네가 의롭다고 해도 그것이 전능하신 분께 무슨 기쁨이 되겠으며, 네 행위가 온전하다고 하여 그것이 그분께 무슨 유익이 되겠느냐고 반문한다.

(8) 빌닷의 세 번째 논술: "그런즉 하나님 앞에서 사람이 어찌 의롭다 하며 여자에게서 난 자가 어찌 깨끗하다 하랴"(욥 25:4).

욥기 25장은 하나님께 직접 호소하는 욥을 조롱하는 빌닷의 세

---

[45] Layton Talbert, *Beyond Suffering: discovering the message of Job* (Greenville, South Carolina: Bob Jones University Press, 2007), p. 115.
[46] Warren W. Wiersbe, *Be Patient: Job* (Colorado Springs, Colorado: David C Cook, 2009), pp. 111-112.

번째 충고 내용이다. 빌닷은, 의는 피조 질서에서 사람의 지위에 관한 문제이므로, 어떠한 피조체도, 천사까지도 하나님의 눈에는 정결할 수 없다고 믿는다.[47] 그렇게 믿는 빌닷은 권능과 위엄을 가지셨고 지극히 높은 곳에서 화평을 베푸시는 하나님 앞에서 사람이 어찌 의로울 수 있느냐며 자신의 의를 주장하는 욥을 지적한다.

이상의 내용은 욥의 세 친구(엘리바스, 소발, 빌닷)와 욥이 주고받은 논쟁에서 나온 말들이다. 여기에서는 세 친구들의 잘못된 충고와 욥의 부당한 불평을 찾아볼 수 있다. 세 친구들은 모두 동일하게 반복되는 신학적 관점에서 말한다. 즉 사람들은 행한 대로 받는데, 욥의 고난은 그의 숨은 죄의 결과이다; 욥은 그것을 인정하고 회개해야 한다. 그러면 하나님께서 욥에게 다시 복을 주실 수 있다는 것이다.

그에 대하여 욥은 어떠한 죄도 부인하며, 만일 그가 공평한 재판관 앞에서 들을 수 있다면 그가 정당하다고 입증될 것이라고 한다. 또한 욥은 하나님이 자기를 부당하게 대우하였다고 불평한다.[48]

(9) 자신의 의를 주장하는 욥: "나의 정당함을 물리치신 하나님, 나의 영혼을 괴롭게 하신 전능자의 사심을 두고 맹세하노니 (나의 호흡이 아직 내 속에 완전히 있고 하나님의 숨결이 아직도 내 코에 있느니라) 결

---

47) David R. Jackson, *Crying For Vindication: Job* (P&R Publishing Company, 2007), p. 82.
48) *Engaging God's Word: Job* (Colorado Springs, Colorado: Community Bible Study, 2012), p. 29.

코 내 입술이 불의를 말하지 아니하며 내 혀가 거짓을 말하지 아니하리라 나는 결코 너희를 옳다 하지 아니하겠고 내가 죽기 전에는 나의 온전함을 버리지 아니할 것이라 내가 내 공의를 굳게 잡고 놓지 아니하리니 내 마음이 나의 생애를 비웃지 아니하리라"(욥 27:2-6).

욥기 27장 1절에서 28장 28절까지는 자신의 의를 단언하며 사람은 하나님의 지혜를 알 수 없다는 욥의 탄식이다. "나의 의를 빼앗으신 하나님"이라는 어투로 맹세하는 것은 가장 보기 드문 경우에 해당된다. 이제까지 자신을 죄 없이 고통 속에 내치신 하나님이라고 주장하면서도 또한 불안과 절망의 구렁에 빠져 있는 상태에서도 여전히 나의 하나님이라고 단호하게 고백하고 있는 그의 자세가 주목된다.

욥은 "내 마음이 나를 책망하지 아니하리라"고 했다. 욥은 하나님의 권능과 섭리를 의심하지 않는다. 하나님의 섭리는 늘 그를 어리둥절하게 만든다. 그는 자신이 의로우므로 양심에 거리낌이 없다고 말하고 있다.[49] 즉 욥은 살아 계신 하나님 앞에서 맹세까지 하며, 자기가 의롭다고 주장하면서 끝까지 굽히지 않아도 자기 평생에 양심에 꺼림칙한 날은 없을 것이라고 주장하고 있다(표준새번역).

(10) 과거의 행복을 회고하는 욥: "내가 의를 옷으로 삼아 입었으

---

49) 《뉴톰슨 관주 주석성경》(서울: 성서교재간행사, 1985), pp. 785-786.

며 나의 정의는 겉옷과 모자 같았느니라"(욥 29:14).

욥기 29장 1절부터 31장 40절까지는 그의 과거를 기억하고, 현재를 설명하며, 순결을 방어하면서 하나님께 자신을 방어해 주시기를 요구하는 욥의 두 번째 독백이다. 욥은 그가 관장하는 경우에 공평한 의와 공의를 베풀었고, 논쟁의 심판자로서 공정한 판단으로 판결하였기 때문에 자신이 탁월했다고 변호하고 있다.[50] 즉 욥은 자신이 의로움으로 옷을 삼고 언제나 바르고 정직하게 살았다고 하면서 자신의 의를 주장하고 있다.

(11) 엘리후의 지적: "욥이 자신을 의인으로 여기므로 그 세 사람이 말을 그치니 람 족속 부스 사람 바라겔의 아들 엘리후가 화를 내니 그가 욥에게 화를 냄은 욥이 하나님보다 자기가 의롭다 함이요"(욥 32:1-2).

새로운 장(32장)이 시작되면서 엘리바스, 빌닷, 그리고 소발 세 사람은 욥에게 대답하는 것을 멈추었다. 그들이 멈춘 이유는 그들의 모든 주장이 효력을 발휘하지 못함으로 결국 고갈되었기 때문이다. 욥의 답변은 점점 길어진 반면 욥에 대해 세 차례에 걸친 그들의 충고는 점차 짧아졌다. 이제 그 짧아진 논쟁을 끝으로 욥의 세 친구들은 결국 더 이상 할 말이 없었다. 욥이 스스로 의롭게 여

---

50) Steven J. Lawson, *Holman Old Testament Commentary: Job* (Nashville, Tennessee: B&H Publishing Group, 2004), p. 247.

기므로 그 세 사람은 침묵하였다. 자신의 결백을 확신한 욥은 그들의 충고를 거절하였다.

이 기나긴 논쟁 중에 엘리후라고 하는 한 젊은, 네 번째 사람이 조용히 서 있었다. 욥의 친구들이 하는 끝없이 단조로운 말을 듣던 그는 말하지 않을 수 없는 것을 느꼈다. 엘리후는 람 족속 부스 사람 바라겔의 아들이다. 부스는 우스의 한 형제이기 때문에 아마 아브라함은 엘리후와 관련되었을 것이다.

그 끝없는 열변에 인내하던 엘리후는 욥에게 매우 화를 냈으며, 욥이 자신의 오만과 자제력의 부족함을 깨닫고 당황하도록 만들었다. 처음에는 자기가 말한 것이 옳았다고 생각했던 욥의 태도는 곧 찌무룩해졌다. 그가 하나님에 대하여 한 말이 뻔뻔스럽고 비틀어진 것이 되었다.[51]

실로 욥은 엘리후가 지적하기까지 자신이 결벽증에 가까울 정도로 의로운 삶을 살았던 나머지 자기가 하나님보다 의롭다고 생각하는 잠재의식에 사로잡혀 있었던 것을 깨닫지 못했을 수도 있다. 그러한 의식 속에 늘 자신은 의롭다고 주장했을 수도 있다. 그러나 엘리후는 그것을 날카롭게 지적하고 있다.

(12) 욥에게 말하는 엘리후: "그대는 실로 내가 듣는 데서 말하였고 나는 그대의 말소리를 들었느니라 이르기를 나는 깨끗하여 악인이 아니며 순전하고 불의도 없거늘 참으로 하나님이 나에게서 잘

---

51) Ibid., pp. 272-273.

못을 찾으시며 나를 자기의 원수로 여기사 내 발을 차꼬에 채우시고 나의 모든 길을 감시하신다 하였느니라 내가 그대에게 대답하리라 이 말에 그대가 의롭지 못하니 하나님은 사람보다 크심이니라"(욥 33:8-12).

욥기 33장은 엘리후가 하나님께서 욥에게 고난을 허용하는 것도 사랑의 목적을 가지고 하실 수 있다는 것을 알아보지 못하고 욥이 하나님을 비판한 것을 비난하는 내용이다.

욥이 자신은 깨끗하고 죄와 허물이 없으며 잘못한 것이 아무것도 없는데, 하나님은 자신을 칠 구실을 찾고 자기를 원수처럼 대하시며, 자기 발에 쇠고랑을 채우시고 행동을 일일이 감시하신다고 했다. 그런데 그런 식으로 하나님께 말하는 것 자체가 잘못되었다는 것이다. 왜냐하면 하나님은 사람보다 위대한 분이시기 때문이라는 것이다. 즉 엘리후는 죄에서 자유롭다는 욥의 고백을 바로잡아 준다.[52]

(13) 욥의 문제를 말하는 엘리후: "욥이 말하기를 내가 의로우나 하나님이 내 의를 부인하셨고 내가 정당함에도 거짓말쟁이라 하였고 나는 허물이 없으나 화살로 상처를 입었노라 하니 어떤 사람이 욥과 같으랴 욥이 비방하기를 물 마시듯 하며 악한 일을 하는 자들과 한 패가 되어 악인과 함께 다니면서 이르기를 사람이 하나

---

52) Ibid., p. 281.

님을 기뻐하나 무익하다 하는구나"(욥 34:5-9).

욥기 34장은, 욥이 하나님께서 경건한 삶을 살도록 인도하지 않았다고 주장함으로 하나님의 신실하심을 비난하였다고 선언하는 엘리후의 진술이다.

"내가 의로우나 하나님이 내 의를 제하셨고"라는 욥의 말에서, 어떤 의미에서 욥은 자신의 의로움과 정직함을 장담했지만(욥 33:9), 그렇다고 자기가 무죄하다고 주장한 것은 아니다. 하지만 엘리후는 욥의 말을 상기시키면서 욥의 주장을 반박해 나간다. 특히 욥이 자기가 하나님보다 의롭다고 한 것을 지적하고 있다. 즉 엘리후는 욥의 하나님에 대한 잘못된 견해를 꾸짖는다.[53]

(14) 엘리후의 말: "그대는 이것을 합당하게 여기느냐 그대는 그대의 의가 하나님께로부터 왔다는 말이냐 그대는 그것이 내게 무슨 소용이 있으며 범죄하지 않는 것이 내게 무슨 유익이 있겠느냐고 묻지마는"(욥 35:2-3).

욥기 35장은 엘리후의 세 번째 진술이다. 엘리후는, 욥이 그가 의롭게 산 것이 의미가 없다고 말했기 때문에 그가 하나님보다 의롭다는 것을 암시하고 있다고 말한다. 하나님은 가끔 좋은 사람들을 치시고 나쁜 사람들에게 복을 주신다. 다시 말하면, 엘리후는

---

53) Ibid., p. 290.

욥이 하나님께 호소할 수 있는 어떤 이유를 가졌기 때문에 그가 하나님보다 의롭다고 생각한다고 말한다. 그것은 욥이, 그가 하나님께 호소할 수 있고 들을 수 있다고 생각하기 때문에, 어떤 면에서는 하나님이 불의하다고 믿고 있다는 것을 의미한다.[54]

"범죄한 것보다 내게 이익이 무엇인고"라는 욥의 말은, '자신이 의롭게 산 것이 범죄한 것보다 결과적으로 나은 것이 무엇인가?'라는 의미이다. 욥은 자기가 겪는 환난의 동기에 대하여 이해할 수 없고, 따라서 아무 의미가 없다는 불평을 하고 있다. 이에 대하여 엘리후는 자신이 하나님보다 의롭다고 생각한 욥을 계속하여 지적하고 있다. 즉 엘리후는 하나님의 공의를 부정한 욥의 말을 인용하여 욥을 꾸짖고 있다.

(15) 하나님께서 말씀하심: "네가 내 공의를 부인하려느냐 네 의를 세우려고 나를 악하다 하겠느냐"(욥 40:8).

욥기 40장 6절에서 41장 34절까지는 욥에 대한 하나님의 두 번째 답변 내용이다.

욥이 하나님의 심판을 폐하려 한 것을 의미하는 말은 욥기 40장 8절의 하반부에 나타난다: "네 의를 세우려고 나를 악하다 하겠느냐?"라고 질문하는 말씀에서 공의(justice)와 의로움(righteousness)이라는 두 단어는 대화에서 여러 차례 사용되었지만, 하나님의 말씀

---

54) Toby J. Sumpter, *A Son for Glory: Job Through New Eyes* (Monroe, Louisiana: Athanasius Press, 2012), p. 162.

에서는 여기뿐이다.

   욥은 하나님이 자기를 정죄하지 않기를 호소했다. 욥은 여러 경우에서 그의 의로움을 옹호했다(욥 9:20, 10:2, 13:18, 29:14 등). 엘리후의 의견에서도, 욥은 하나님보다 자신이 의롭다고 하였다(욥 32:2). 이제 하나님은 욥에게 역으로 질문하신다: "네가 하나님을 정죄하리만큼 네가 진정 자신의 의로움을 확신하는가? 네가 하나님이 창조 그 자체에 세운 공의를 폐하려는가?"[55]

   자신은 보호받지 못하고 버려졌고, 권리를 박탈당했으며, 자신의 무가치가 매번 자기의 얼굴로 돌아온다고 생각한 사람이, 집중포화에 부서질 수밖에 없는 지경이 되어, 하나님 앞에 매우 위험한 처지에 놓인 것이 분명하다.[56]

   욥기 40장 8절의 내용을 살펴보면, 욥에 대한 하나님의 질문은 순수하게 "아니오"라는 답변이 기대되는 수사적인 질문이 아니라 질책의 질문이다. 하나님의 관점에서, 하나님의 심판을 폐하거나 하나님을 옳지 않다고 하는 것은 바로 욥이 지금까지 해오고 있는 일이다.

   그것은 바로 하나님께서 욥이 지금까지 해온 것을 인식하기 원하시는 것이 아니다. 그의 의문의 여지가 있는 의도가 하나님의 경고를 벗어나지 않았다는 것을 알기 원하신다. 만일 욥이 하나님을 무질서한 우주를 운행하시는 분으로 비난한다면, 하나님은 욥

---

55) Kathryn Schifferdecker, *Out of the Whirlwind: Creation Theology in the Book of Job* (Cambridge, Massachusetts: Harvard Theological Studies, 2008), p. 165.
56) C.G. Jung, *Answer to Job* (Princeton, New Jersey: Princeton University Press, 2002), p. 18.

의 쩨쩨한 인품을 찾아 그의 엄청난 잘못을 비난하실 것이라는 것이다.[57]

이처럼 하나님은 마침내 폭풍 가운데서 하나님의 전지전능하심을 말씀하시면서 욥의 무지를 드러내시고 욥의 교만을 지적하시는 것을 볼 수 있다(욥 38-39장). 하나님이 폭풍 가운데 나타나셨다는 것은 하나님이 진노하셨다는 의미라고 할 수 있다.

아브라함이 하란에 있기 전 메소포타미아에 있을 때 영광의 하나님이 그에게 보여 "네 고향과 친척을 떠나 내가 네게 보일 땅으로 가라"고 명령하시자(행 7:2-3), 아브라함은 그 영광의 하나님의 위엄에 압도되어 메소포타미아의 갈대아 우르를 떠났다.

그 영광의 하나님은 바로 무서울 정도로 강력한 말씀을 선포하시는 하나님이시다(신 5:24; 시 29:3). 그러자 욥이 하나님 앞에서 겸손해지고 회개하며 입을 다무는 것을 볼 수 있다. 그리고 스스로 의롭다 하여 오히려 하나님을 불의하다 함으로, 자신이 하나님보다 의롭다고 착각하여 교만하였던 욥을 책망하시는 하나님을 볼 수 있다(욥 40:1-9).

"여호와께서 또 욥에게 일러 말씀하시되 트집 잡는 자가 전능자와 다투겠느냐 하나님을 탓하는 자는 대답할지니라 욥이 여호와께 대답하여 이르되 보소서 나는 비천하오니 무엇이라

---

57) David J. A. Clines, *Job 38-42. Word Biblical Commentary, Volume 18B* (Nashville, Tennessee: Thomas Nelson, 2011), p. 1180.

주께 대답하리이까 손으로 내 입을 가릴 뿐이로소이다 내가 한 번 말하였사온즉 다시는 더 대답하지 아니하겠나이다 그 때에 여호와께서 폭풍우 가운데에서 욥에게 일러 말씀하시되 너는 대장부처럼 허리를 묶고 내가 네게 묻겠으니 내게 대답할지니라 네가 내 공의를 부인하려느냐 네 의를 세우려고 나를 악하다 하겠느냐 네가 하나님처럼 능력이 있느냐 하나님처럼 천둥 소리를 내겠느냐"(욥 40:1-9).

대화의 처음부터 끝까지, 욥은 하나님과의 대담을 소원해 왔다(욥 23:2-7). 하나님께서 폭풍 가운데 그에게 나타나심으로, 욥은 마침내 그의 소원을 이룬다. 하나님이 폭풍 가운데 나타나신 것은 하나님이 심판하고 계신다는 표시이다(시 18, 29; 나 1).

욥은 왜 고난을 받고 있었는지 배우기 위해서 하나님과의 대담을 소원해 왔다. 의미심장하게도 하나님은 욥이 하나님의 명성을 비방한 것을 책망하신 것 외에는 결코 직접적인 대답을 하지 않으신다(욥 40:8).

"네가 내 공의를 부인하려느냐 네 의를 세우려고 나를 악하다 하겠느냐"(욥 40:8).

자신을 직접적으로 정당화하시는 대신, 하나님은 다른 것으로 답하신다. 즉 지혜의 근본에 관한 답이다. 우리가 보아온 것처럼, 이 논쟁은 욥기의 처음부터 끝까지 수면 아래서 끓어왔다. 이제 하나님께서는 분명한 답을 제공하신다. 그 답은 하나님만이 지혜로 우시다는 것이다.[58] 즉 무지한 말로 하나님의 공의를 무효화했던 욥을 책망하고 계신다.

이상의 내용에서 우리는 엘리후의 지적이 합당했다는 것을 알수 있다. 왜냐하면 하나님께서 엘리바스, 빌닷, 그리고 소발은 책망하셨지만(욥 42:7-9), 엘리후는 책망하지 않으셨기 때문이다. 욥의 친구들도 막연하지만 욥이 고난을 받는 것은 욥의 숨겨진 죄의 값이라고 하면서 욥의 교만을 지적하기도 했다. 그러나 그들은 욥의 잘못을 정확하게 지적하지 못했다.

하지만 엘리후는 욥이 자기가 하나님보다 더 의롭다고 생각하며 말하는 욥의 교만을 정확히 지적했다. 그제야 자기가 하나님보다 더 의롭다는 잠재의식에 사로잡혀 있던 욥이 자신의 모습을 깨닫고 숙연해지는 것을 볼 수 있다.

욥기의 서론에는 욥이 스스로 의롭다고 주장한 내용들이 나와 있지 않기 때문에 욥이 고난받은 이유를 쉽게 이해할 수 없다. 아울러 욥의 외형적인 삶의 모습에서는 불의함을 전혀 발견할 수 없다. 하나님도 사탄에게 "그와 같이 온전하고 정직하여 하나님을 경외하며 악에서 떠난 자가 세상에 없느니라"(욥 2:3)고 칭찬할 정도였기 때문이다.

---

58) Raymond B. Dillard, Tremper Longman Ⅲ, *An Introduction to the Old Testament* (Grand Rapids, Michigan: Zondervan, 1994), pp. 204-205.

하지만 위에서 살펴본 바와 같이 욥기 전체의 내용을 살펴볼 때 욥이 사탄의 시험을 받을 수밖에 없었던 이유를 발견할 수 있다.

욥이 사탄의 참소를 받았던 이유는, 그가 의에 대해서 결벽증에 가까울 정도로 의로운 삶을 산 나머지 착각을 일으킴으로 스스로 의롭다 하여, 자기도 모르는 사이에 자기가 하나님보다 의롭다고 생각했던 교만 때문이었음을 하나님은 분명히 지적하고 계신다(욥 40:8). 교만은 하나님이 미워하시는 악(惡)이다(잠 8:13).

"욥은 자신의 무죄함을 변론하는 과정에서 스스로를 의롭다고 하는 죄악을 범한다"[59]라고 할 수도 있다. 왜냐하면 욥이 자신을 변론하기 전에는 그러한 모습이 나타나지 않기 때문이다.

그러나 욥이 스스로를 의롭다고 한 것이 변론의 과정에서 나왔다고 보기에는 다소 문제가 있다. 왜냐하면 아무리 변론하는 과정이라고 하지만 그가 평소에 그러한 생각을 하지 않았다면 그러한 말이 튀어나올 수 없기 때문이다.

특히 욥이 과거의 자기 행복을 언급하는 욥기 29장의 내용을 살펴보면, 욥이 고난을 받기 이전의 과거에도 자기가 의롭게 살았다고 언급하는 것을 볼 수 있다. 즉 욥은, "내가 의를 옷으로 삼아 입었으며 나의 정의는 겉옷과 모자 같았느니라"(욥 29:14)고 말하고 있다. 이는 욥이 친구들과 변론을 하기 전부터 이미 자기가 의롭게 살았다고 생각하는 증거이다.

---

[59] 《뉴톰슨 관주 주석성경》(서울: 성서교재간행사, 1985), p. 760.

실로 욥은 그의 일상적인 생활에서 의(義)에 대한 결벽증에 가까울 정도로 의로운 삶을 살면서, 자기도 모르는 사이에 스스로 착각한 나머지 자기가 하나님보다 의롭다는 생각이 그의 마음에 잠재해 있었다는 것을 알 수 있다.

다윗의 고백처럼 모친의 죄악 중에 출생한 자(시 51:5)가 어찌 하나님 앞에 죄 없다 하며 의롭다고 할 수 있겠는가? 죄악 중에 출생한 자가 감히 하나님보다 자기가 의롭다고 주장하는 욥의 교만 죄를 영물인 사탄이 모를 리 없다. 욥의 교만 죄가 바로 사탄이 참소할 수 있는 이유였다고 할 수 있다. 또한 공의의 하나님은 그러한 욥의 죗값을 치르게 하셨다고 할 수 있다.

욥의 고난을
통해 본
종말적 고난

 욥은 인간으로서 도저히 감당하기 어려운 고난을 받은 자이다. 하지만 그 고난을 끝까지 인내하여 승리한 자이다. 욥을 통하여 천국을 향해 달려가는 종말 성도의 자세가 무엇인지를 가늠해 볼 수 있다.

 사도 바울은 사도행전 14장 22절에서 "우리가 하나님의 나라에 들어가려면 많은 환난을 겪어야 할 것이라"고 했다. 환난을 겪어야 한다는 것은 환난을 통과하여 승리해야 한다는 것이다. 예수님도 "끝까지 견디는 자는 구원을 얻으리라"(마 24:13)고 하시면서, 그때 큰 환난이 닥칠 것인데 그런 환난은 세상 처음부터 이제까지 없었으며 앞으로도 없을 것이라고 하셨다(마 24:21).

 따라서 성도에게 필요한 것은, 인류 역사상 최대의 환난이 닥칠지라도(단 12:1) 끝까지 참고 견디는 믿음이다(마 24:13).[60]

 역사는 반복된다. 전도서 3장 15절에서 "지금 있는 일도 오래

---

60) 박윤식,《영원한 언약의 약속》(휘선, 2010), p. 307.

전에 있었던 일이며 앞으로 일어날 일도 전에 다 있었던 일이다. 이와 같이 하나님은 지나간 일들이 반복해서 일어나게 하신다"라고 말씀하고 있다(현대인의 성경). 믿음의 선진들이 겪었던 고난들은 곧 종말의 성도들에게 닥칠 수 있는 고난이라고도 할 수 있다. 또한 성경은 "그들에게 일어난 이런 일은 본보기가 되고 또한 말세를 만난 우리를 깨우치기 위하여 기록되었느니라"고 말하고 있다(고전 10:11).

한편 종말이라 하면 온 세상이 한꺼번에 끝나는 전 세계적인 종말을 떠올리기 마련이다. 하지만 전 세계적인 종말에 앞서 개인적 종말은 언제라도 찾아올 수 있다는 것을 결코 간과해서는 안 될 것이다. 왜냐하면 한 개인이 어떠한 사유에서든 죽는 순간 그것은 바로 개인의 종말이 되기 때문이다. 슬기로운 성도라면 언제나 종말신앙을 가지고 살아가야 한다. 그럴 때 에녹과 같이 하나님과 온전히 동행하는 삶을 살 수 있기 때문이다.

이러한 맥락에서 하나님의 구속사를 성취하기 위해 믿음의 경주를 했던 믿음의 선진들의 발자취를 살펴보며 성도들에게 닥칠 종말적 고난을 살펴보고자 한다.

믿음의 선진들의 발자취를 살펴보기 위해서는 히브리서 11장을 참고하지 않을 수 없다. 왜냐하면 히브리서 11장은 하나님의 구속사를 이루기 위해 온갖 고난을 극복하며 믿음의 행진을 이어갔던 대표적인 믿음의 선진들의 사적을 기록하고 있기 때문이다.

1.
아벨

　히브리서 11장 4절에서 "믿음으로 아벨은 가인보다 더 나은 제사를 하나님께 드림으로 의로운 자라 하시는 증거를 얻었으니 하나님이 그 예물에 대하여 증언하심이라 그가 죽었으나 그 믿음으로써 지금도 말하느니라"고 말하고 있다. 아벨이 믿음으로 더 나은 제사를 드린 것은 양의 '첫' 새끼를 바친 것에서 나타난다.

　아벨은 하나님을 향한 믿음이 있었기에 첫 번째 것, 즉 가장 소중한 것을 하나님께 바치는 정성이 있었다. 하나님은 언제나 소산물의 첫 것, 그리고 첫아들(장자)을 당신의 것으로 거룩하게 구별하셨다(출 23:19; 잠 3:9; 겔 48:14). 하나님은 믿음이 있는 '아벨'과 '아벨의 제물'을 열납하셨다.[61]

　아벨이 가인에게 죽임을 당한 것은 제사 문제였다. 그 이면을 살펴보면, 하나님이 '아벨'과 '아벨의 제물'을 열납하시도록 드렸

---

61) 박윤식, 《창세기의 족보》(휘선, 2011, 3판 7쇄), pp. 75-76.

던 아벨의 정성스러운 제사가 가인의 질투심을 불러일으켰다고 할 수 있기 때문이다. 아벨은 하나님이 그와 그의 제사를 흔쾌히 열납하실 정도로 말씀에 온전히 순종하여 하나님이 원하시는 제사를 믿음으로 드렸다. 그것을 시기한 가인에 의해서 아벨은 인류의 첫 순교자가 되었다.

  아벨이 겪었던 종말적 고난은 무엇보다 하나님을 경외하며 말씀에 순종하는 과정에서 오는 온갖 시련과 장애물을 극복하는 것이었다. 그 결과 비단 그가 순교를 했지만, 하나님을 향한 온전한 믿음이 인정을 받아 성경에 기록되고 있다. 말세를 살아가는 성도는 사탄의 질투로 도전을 받는다 해도 끝까지 믿음을 지키며 하나님의 말씀에 온전히 순종하는 삶을 살아가야 할 것이다.

2.
에녹

히브리서 11장 5절에서 "믿음으로 에녹은 죽음을 보지 않고 옮겨졌으니 하나님이 그를 옮기심으로 다시 보이지 아니하였느니라 그는 옮겨지기 전에 하나님을 기쁘시게 하는 자라 하는 증거를 받았느니라"고 말하고 있다.

창세기의 족보에는 에녹에 이르기까지 죽음이 당연한 듯 모두 "죽었더라"로 도장을 찍으면서 한 장 한 장을 마무리하였다. 창세기 5장에는 "죽었더라"가 8회 등장한다(창 5:5, 8, 11, 14, 17, 20, 27, 31).

그런데 죽음이 그의 생을 이기지 못한 사람이 있다. 바로 아담의 7대손 '에녹'이다. 그는 캄캄한 밤하늘에 반짝이는 샛별같이 영롱한 빛을 발하고 있다. 에녹은 하나님과 동행하다가 영생 불사함으로 경건한 삶의 극치를 보여주었다. 참으로 죽음을 뛰어넘은 신비는 이제까지 볼 수 없었던 최고의 축복이었다.

에녹이 이 땅에서 행한 행적은 단 한 번 기록되고 있는데(유 1:14-15), 당시 팽배했던 '경건하지 않은 일'과 주께 거스려 했던 모든 '경건하지 않은 말'에 대하여 심판을 예언하는 일이었다. 그러므로 에녹은 그의 아버지 야렛의 기대대로 그 시대를 대표하는 선지자이자 예언자로서 하나님께 바쳐진 생애로 살았던 것이다.

그러한 에녹은 인류에게 중대한 교훈을 가르쳐 준 선생이었다. 첫째, 에녹은 믿음으로 하나님과 동행하고 하나님을 기쁘시게 함으로 하나님의 신임을 받은 자이다(히 11:5). 둘째, 에녹은 믿음으로 하나님과 동행하는 사람이 영생한다는 진리를 처음으로 가르쳐 준 인류의 선생이다(창 5:21-24). 에녹이 인류에게 가르쳐 준 중대한 교훈은 죽지 않고 천국에 갈 수 있는 '변화 승천'이 있다는 사실이다.

그렇다면 에녹이 신령한 몸으로 승천할 수 있었던 비결은 무엇인가? 창세기 5장 24절에서는 에녹이 하나님과 동행하였기에 하나님이 그를 데려가셨다고 말하고 있다.

에녹의 승천은 아담 타락 이후 잊혀져 가는 하나님의 최고의 선물, 곧 죽지 않고 살아서 변화하는 영생의 빛, 불멸의 빛을 환하게 밝혀 준 사건이었다. 이 일로 에녹은 생명이 사망을 이기는 일에 대한 확신을 심어 주었다. 이로써 죄와 사망의 그늘 속에서 신음하며 영생의 소식에 목말라 하던 당시 의로운 백성들에게 넘치는 용기와 소망을 심어주었다.

아담은 하나님의 징계를 받은 이후 여자의 후손으로 말미암아 다시 에덴을 회복시키실 것이라는 하나님의 확실한 약속을 받은 상태였으므로(창 3:15), 에덴동산에 있었던 장본인으로서 모든 후손들에게 복락의 세계였던 에덴동산의 실재와 인류의 숙원인 죽음의 문제를 해결해야 한다는 사실을 증거했을 것이다. 아담의 신앙적 소원은 마침내 에녹을 통해 그대로 열매를 맺은 것이다.

아담 이후로 하나님을 믿는 경건한 자손들이 있었다. 그러나 오직 에녹만이 죽지 않고 살아 승천함으로 그 열매를 맺었다. 그것은 에녹이 아담과 308년을 지내면서 아담이 전수해 준 하나님의 말씀을 두려운 마음으로 받았기 때문이다. 수많은 아담의 후손 가운데 에녹 한 사람만이 그것을 온전히 좇아갔다. 그 결과 에녹은 300년 간이나 하나님과 동행하였고, 마침내 더 이상 세상에 둘 필요가 없으므로 하나님이 그를 하늘로 데려가신 것이다.

아담이 타락한 이후 에녹도 예외 없이 불과 57년 전에 죽었던 아담을 따라 죽어야 마땅했지만, 하나님은 특별히 에녹을 죽음의 장벽을 뛰어넘는 영생의 세계로 이르게 하셨다. 에녹은 불경건이 극에 달한 시대에 경건한 삶의 최후가 어떤 것인가를 확실히 보여 준 것이다.

에녹은 아담의 바른 형상이었다. 동행으로 말미암은 영생, 그것은 바로 아담이 범죄하지 않았다면 영생에 이를 수 있었다는 사실을 세상에 보여 주신 것이다.

에녹이 죽지 않고 승천한 비결, 곧 동행은 그 뜻만 보아도 처음 아담을 창조하셨을 때 하나님이 원하시고 바라셨던 삶의 방식이 무엇인지 알려준다.

하나님은 당신이 창조한 아담과 한마음 한뜻으로 함께 먹고 함께 있기를 원하셨다. 그러나 아담은 이미 명령하신 말씀을 무시하고, 하와의 요구를 들었을 때 하나님께 묻지 않고 오만하게도 자기가 결정하여 선악과를 함께 먹고 말았다(창 3:6). 그래서 하나님은 하나님과 멀리 떨어져 버린 아담에게 "네가 어디 있느냐?"라고 그의 처소성(處所性)을 물으시기에 이른 것이다(창 3:9).

아담부터 노아까지 10대의 족보를 자세히 살펴보면, 아담의 7대 손 에녹의 승천 전에 죽은 자는 아담 한 사람밖에 없다. 아담이 930세로 죽은 이후, 노아까지 10대 족장 중에 이 땅에서 두 번째로 삶을 마감한 사람은 죽음이라는 관문을 거치지 않고 승천한 것이다.

이런 점에서 에녹의 승천은 우리에게 한 가지 중대한 교훈을 준다. 하나님은 '인류 시조 아담의 죽음'이라는 사건을 통해서 '죄의 삯은 사망'(롬 6:23)이라는 사실을 밝히신 후, 그 사망의 권세를 이기는 방법을 에녹을 통해서 곧바로 공개하셨던 것이다.

비록 인간은 죄로 인해 죽을 수밖에 없지만, 에녹처럼 하나님과 동행하며 하나님과 교제를 온전히 회복하면 오직 죄를 해결하시는 하나님의 은혜로 죽음까지도 능히 극복할 수 있다는 소망을 보여 준다. 이렇게 에녹의 승천은 앞으로 다가올 모든 세대에게 오직 믿음만이 사망의 권세를 이길 수 있다는 말씀을 확실하게 계시해 주고 있다.

에녹으로부터 약 2,200년 후에 엘리야 선지자도 에녹처럼 죽지 않고 하늘로 옮기웠다(왕하 2:10-11). 에녹은 아담과 아브라함의 중앙에서 예언하였고, 엘리야는 아브라함과 그리스도의 중앙에서 예언했다.

이러한 에녹은 구속사적으로 세 가지를 예표한다.

첫째, 하나님을 기쁘시게 했던 에녹의 동행은, 하나님과 동행하며 하나님을 기쁘시게 했던 예수님의 생애(요 8:29)에 대한 예표이다. 그리고 에녹의 승천 사건은 예수 그리스도께서 그의 부활과 승천으로 말미암아 마귀의 세력을 이기고 사망을 영원히 멸하고, 인간 구원의 보증이 되심을 예표한다.

둘째, 아담 안에서 모든 사람이 죽음 아래 놓여 있으나, 하나님의 크신 은혜로 독생자 예수 그리스도 안에서 모든 사람이 살 수 있다는 귀한 진리를 예표한다(롬 5:18-21; 고전 15:22).

셋째, 마지막 재림 때, 환난과 패역이 극에 달하는 세상에, 성도들에게 있을 영광스러운 변화에 대한 예표이다(마 24:40; 요 8:51, 11:25-26; 고전 15:50-54; 살전 4:16-17; 빌 3:21). 매튜 헨리(Matthew Henry)는 에녹의 변화가 그리스도의 재림 때에 있을 성도들의 영광스러운 변화의 모습을 보여 준 것이라고 하였다.[62]

그렇다면, 과연 에녹이 받았던 종말적 고난은 무엇이었을까? 성경에 에녹이 받았던 고난에 대한 기록은 없다. 그러나 에녹도 우리와 성정이 같은 사람으로, 창세기 5장 22절의 "므두셀라를 낳은 후 삼백 년을 하나님과 동행하며 자녀들을 낳았으며"라는 말씀을 볼 때, 삼백 년 동안 낳았던 자녀가 한둘이 아니었을 터인데, 에녹도 인간으로서 그 많은 자녀를 양육하면서 가장으로서 겪어야 했던 고난이 한두 가지가 아니었을 것이다. 즉 에녹이 가장으로서 겪어야 했던 갖가지의 어려움은 하나님과의 동행을 방해하는 지대한 고난이 되었을 것이다.

---

62) Ibid., pp. 153-161.

에녹이 살았던 시대의 수많은 아담의 후손 가운데 에녹 한 사람만이 아담이 전해준 말을 온전히 좇아감으로 죽지 않고 승천했다는 것은, 에녹을 제외한 당시의 모든 사람들이 하나님의 말씀을 온전히 좇지 않았다는 것이며, 세상 풍조에 물들었다는 말이다.

그것은 에녹의 3대손 노아 때 모든 혈육 있는 자의 강포가 땅에 가득함으로 하나님이 심판을 결심하셨음을 볼 때 에녹 때에도 이미 땅에서 모든 혈육 있는 자의 행위가 부패(패괴)하여 가고 있었음을 짐작할 수 있다(창 6:12-13).

아울러 단 한 번 기록되고 있는 에녹의 행적에서(유 1:14-15), 당시 팽배했던 '경건하지 않은 일'과 주께 거스려 했던 '경건하지 않은 말'에 대하여 심판을 예언했던 것을 보아도 당시의 삶이 얼마나 불경건했는지를 짐작하게 한다. 악한 세대를 향해 심판을 예언했다는 것은 당시의 사람들에게 비난의 대상이 될 수도 있다. 그처럼 불경건한 세상에서 물밀듯이 밀려오는 세상적인 타락의 물결이 에녹에게는 하나님과 동행하기 위해서 헤쳐 나가야 했던 종말적 고난이었을 것이다.

그렇다면 에녹이 그러한 모든 악조건을 극복하고 하나님과 온전히 동행할 수 있었던 비결은 무엇이었을까? 그것은 바로 에녹이 65세에 낳은 아들의 이름에서 그 힌트를 찾아볼 수 있다. 에녹은 65세에 아들을 낳고 이름을 '므두셀라'라고 하였는데, 그 뜻은 "그가 죽으면 세상에 끝이 온다"이다. 즉 다른 말로 하면 '종말'이라는 뜻이다. 자기 아들이 죽으면 종말이 온다는 것이다.

에녹은 자기 아들을 볼 때마다, 부를 때마다 종말을 생각하며 살

앉을 것이다. 누구나 오늘이 마지막이라 생각할 때는 자신을 돌아보며 경건한 삶을 살고자 할 것이다. 에녹은 자기 아들을 대할 때마다 종말을 생각하며 매일 종말적 삶을 살아갔다는 것이며, 그것이 곧 모든 악조건을 극복하고 하나님과 온전히 동행하는 삶을 살아가게 했다는 것이다.

죄악의 먹구름이 온 세상을 뒤덮고 있는 마지막 때를 살아가는 성도들도 에녹과 같이 늘 '오늘이 마지막'이라는 '종말 신앙'으로 살아갈 때 자신의 삶과 죄악된 세상으로부터 밀려오는 모든 유혹의 물결을 극복하고 에녹과 같이 하나님과 동행하는 삶을 살아갈 수 있을 것이다.

3.
노아

　히브리서 11장 7절에서 "믿음으로 노아는 아직 보이지 않는 일에 경고하심을 받아 경외함으로 방주를 준비하여 그 집을 구원하였으니 이로 말미암아 세상을 정죄하고 믿음을 따르는 의의 상속자가 되었느니라"고 말씀하고 있다.

　노아가 살던 시대는 홍수에 멸절되기까지 단 한 사람도 노아가 선포한 경고의 말씀을 진심으로 받아들이거나 깨닫는 자가 없었던 불경건한 때였다(마 24:39). 이와 마찬가지로 마지막 때 불경건한 시대에도 하나님이 경건한 자를 찾으실 것이다. 그때에 노아처럼 하나님의 은혜를 충만히 받아 능히 인자 앞에 설 수 있는 성도가 되어야 한다(시 12:1; 미 7:2; 눅 21:36).

　창세기 6장 2절에서는 "하나님의 아들들이 사람의 딸들의 아름다움을 보고 자기들이 좋아하는 모든 여자를 아내로 삼는지라"고 말하고 있다. 이것은 경건한 셋의 후손들(창 5장)과 타락한 가인의 후손들(창 4장)이 통혼을 하고 하나님을 떠나 육체주의 인간들이 되었음을 의미한다(창 6:3). 이로 말미암아 하나님은 "나의 영이 영원히 사람과 함께 하지 아니하리니"(창 6:3)라고 선포하셨다.

그 이후에 세상은 빠른 속도로 타락하고 온갖 죄악이 가득하였다(창 6:5). 개역한글에서는 '죄악이 세상에 관영하였다'고 표현하였는데 '관영'은 한자로 볼 때, '꿰뚫을 관(貫), 찰 영(盈)'으로 "죄가 가득 찼다, 미치지 않은 곳이 없다"라는 뜻이다.

'죄악이 세상에 관영했다' 함은 죄악이 인간의 마음속까지 깊이 파고 들어가 그 죄악이 무르익어 넘쳐 흐른다는 뜻이다. 마음의 생각의 모든 계획이 항상 불신앙적이어서(창 6:5), 악으로 시작해서 악으로 끝나는 상태요 전적으로 하나님의 통치를 거부하며 간섭 받기를 싫어하는 상태인 것이다.

또한 창세기 6장 11절에서는 노아 당시의 타락상에 대하여 "하나님 앞에 부패하여 포악함이 땅에 가득한지라"고 말하고 있다. '부패하여 포악함이 땅에 가득하다'는 것은, 남을 해치고 빼앗아가는 것, 살인, 강도, 폭력이 난무한 것을 의미한다.

한글개역 성경은 "때에 온 땅이 하나님 앞에 패괴하여 강포가 땅에 충만한지라"고 했다. '패괴'는 한자로 볼 때 '거스를 패(悖), 무너질 괴(壞)'로서, '부서지고 무너짐'이란 뜻이다. '강포'는 한자로 볼 때, '굳셀 강(强), 사나울 포(暴)'로서, '완강하고 포악하고 우악스럽고 사납다'는 뜻이다. 그래서 하나님은 "그 끝날이 내 앞에 이르렀으니"(창 6:13)라고 하시면서 홍수 직전의 시대가 심판이 불가피한 최악(最惡)의 시대임을 선언하셨던 것이다.

이와 같이 노아가 살던 홍수 직전의 타락상은, 하나님이 한탄하시고 근심하실 정도였다(창 6:6). 참으로 충격적인 선언이다. 한마디로 '홍수 심판'은 하나님을 전혀 마음에 두지 않았던 방탕한 세대에 대한 무서운 형벌이었다.

그러나 이렇게 타락한 시대 속에서 노아는 하나님의 은혜를 입었다(창 6:8). 또 창세기 6장 9절에서는 "노아는 의인이요 당대에 완전한 자라 그는 하나님과 동행"하였다고 말하고 있다.

오늘 우리가 사는 시대도 노아의 시대와 같이 극심한 타락의 길을 걷고 있으며, 죄가 가득하여 하나님 앞에 부패하고 포악함이 땅에 가득한 세상이 되어가고 있다. 예수님은 인자의 임함이 노아의 때와 같다고 말씀하셨다(마 24:37; 눅 17:26).

노아는 하나님의 은혜를 입고(창 6:8), 하나님이 자기에게 명하신 대로 방주를 짓고 모든 것을 준행한 결과(창 6:22, 7:5), 하나님으로부터 "네가 내 앞에 의로움을 내가 보았음이니라"(창 7:1)고 인정받았다.

모세가 경건한 신앙 계열의 족보를 기록할 때, 장자를 낳은 나이를 하나하나 세밀하게 기록한 것은 그만한 뜻이 있기 때문일 것이다. 이는 당시의 시대상과 믿음의 족보에 있는 인물들의 경건했던 삶을 잘 반영해 주고 있다.

노아는 늦은 나이(500세 이후-창 5:32, 502세-창 11:10)에 아들을 낳은 것과 하나님이 허락하신 세 아들 외에 더 이상 자녀를 낳지 않았던 사실이나, 그의 세 아들이 홍수 후부터 자녀를 낳기 시작한 것은 노아가 계시받았던 하나님의 심판 메시지를 조금도 의심 없이 철두철미하게 준비하고 있었다는 것을 보여 준다. 이것은 '그 모든 말씀을 다 준행하였다'는 말씀에서도 확인된다(창 6:22, 7:5).

하나님은 노아에게 나타나 당시 육체주의가 된 타락상을 한 번 경고하신 이후(창 6:1-8), 방주를 지을 것을 명령하셨다(창 6:14-16). 물론 모든 식양과 설계도는 하나님이 직접 지시하셨다. 노아는 자기에게 명하신 그 설계대로 다 준행하여 방주를 지었다고 말하고 있다(창 6:22, 7:5).

이렇게 하나님이 노아에게 단 한 번 나타나서 지시하신 말씀을 노아가 그대로 빈틈없이 준행할 수 있었던 이유가 무엇인가?

히브리서 11장 7절에서 노아가 '경외함으로 방주를 준비하였다'고 말하고 있다. 경외하는 믿음이란, 하나님이 한 번 말씀하신 것을 두렵고 떨리는 마음으로 끝까지 지키려는 마음이다. 노아는 악인의 형통을 부러워하지 않고, 오직 하나님을 경외하는 것이 사람이 마땅히 행해야 할 본분인 것을 알았던 것이다(잠 23:17; 전 12:13).

하나님을 경외할수록 하나님의 지혜를 충만히 받아 능히 방주를 완성할 수 있었던 것이다. 하나님을 경외하는 것이 지혜의 근본이기 때문이다(욥 28:28; 시 111:10; 잠 1:7, 9:10, 15:33). 실로 방주는 하나님을 경외한 노아의 믿음 그대로 표현된 것이다.

노아가 기나긴 시간 동안 변함없이 방주를 지었다는 것은 오직 하나님의 약속을 철저하게 믿고 절대 순종하며 하나님을 경외했다는 확실한 증거이다. 방주를 짓는 동안 당시 사람들은 구경만 하면서 비난의 화살을 퍼부었다. 노아의 가슴은 얼마나 아팠으며, 그 기나긴 시간 방주를 지으면서 노아의 온몸은 얼마나 고달프고 힘들었겠는가?

오랜 기간 묵묵히 방주를 잘 준비한 노아를 보고 하나님은 창세기 7장 1절에서 "…네가 내 앞에 의로움을 내가 보았음이니라"고 하셨다. 참으로 가뭄에 단비와 같은 큰 위로의 말씀이다.[63]

그렇다면 오직 하나님을 경외함으로 하나님의 말씀을 철저하게 믿고 절대 순종하여 방주를 지었던 노아에게 종말적 고난은 무엇이었는가?

첫째, 방주를 짓는 70-80년의 기나긴 시간 동안,[64] 문명이 발달하지 않아 제대로 된 연장이 없는 시대에 아름드리 나무들을 자르고 다듬고 운반하여 장이 300규빗(136.8m), 광이 50규빗(22.8m), 고가 30규빗(13.68m)의 거대한 방주를 짓는다는 것은, 온몸이 상처투성이로 사력을 다하는 중노동의 고달픔이었을 것이다.

방주 제작에 동참했던 노아의 세 아들들도 방주를 짓는 동안 자녀를 생산하지 못한 것에서 이를 살펴볼 수 있다. 물론 그 기간은 자녀를 생산하는 기간이 아니라 하나님의 명령으로 방주를 짓는 기간이었다고 할 수 있지만, 너무나 피곤한 나머지 부부생활이 불가능했다고도 볼 수 있다. 남편들이 하는 일을 거들고 내조했던 노아의 세 며느리들도 마찬가지였을 것이다. 여자들이 군에 입대하여 고된 훈련을 받는 기간에는 경도가 없다고 한다.

둘째, 형제자매들과 친척 그리고 친구로부터 날아오는 비난의 화살이었다. 노아의 아버지 라멕은 182세에 노아를 낳은 후에도 595년을 지내며 자녀를 낳았다(창 5:28-30). 노아에게는 수많은 형제

---

63) Ibid., pp. 172-181.
64) Ibid., p. 187.

자매가 있었고 또한 그들의 자녀들도 있었을 것이다.

또한 노아는 950세를 향수함으로 홍수 이전 10대 중 3인(아담, 셋, 에녹)을 제외하고 모두 만난 자이다.[65] 즉 그에게는 수많은 일가친척들도 있었다는 것이다. 노아는 그들에게 하나님의 홍수심판을 알리며 함께 방주를 짓고 구원을 받자고 외쳤을 것이다.

하지만 노아의 애절한 외침에 그들은 오히려 비난의 화살만을 퍼부었으니 노아의 안타까운 심적 고난을 유추해 볼 수 있다. 베드로후서 2장 5절에는 "옛 세상을 용서하지 아니하시고 오직 의를 전파하는 노아와 그 일곱 식구를 보존하시고 경건하지 아니한 자들의 세상에 홍수를 내리셨으며"라고 말하고 있다.

셋째, 모든 사람들이 먹고 마시고 장가들고 시집가고 하는 삶으로부터 오는 유혹도 노아가 극복해야 했던 고난이었을 것이다. 주님은 마태복음 24장 37-39절에서 "노아의 때와 같이 인자의 임함도 그러하리라 홍수 전에 노아가 방주에 들어가던 날까지 사람들이 먹고 마시고 장가들고 시집가고 있으면서 홍수가 나서 그들을 다 멸하기까지 깨닫지 못하였으니 인자의 임함도 이와 같으리라"고 말씀하셨다.

'믿음'은 말이 아니고 노아와 같이 방주를 준비하는 행동이다. 잘 믿으면 준비한다. 예수님도 종말에 사는 성도들에게 "준비하고 있으라"고 말씀하셨다(마 24:44). 준비하면 혼인잔치에 들어간다(마 25:10). 깨어 등과 등불을 준비하고 신랑을 맞을 준비를 해야 한다

---

65) Ibid., p. 175.

(마 25:1-13). 성도가 마지막 인자 앞에 서는 것은 오직 깨어 기도하는 길 외에는 다른 방도가 없다.[66]

---

66) Ibid., p. 181.

4.
아브라함

히브리서 11장 8-10절에서 "믿음으로 아브라함은 부르심을 받았을 때에 순종하여 장래의 유업으로 받을 땅에 나아갈새 갈 바를 알지 못하고 나아갔으며 믿음으로 그가 이방의 땅에 있는 것같이 약속의 땅에 거류하여 동일한 약속을 유업으로 함께 받은 이삭 및 야곱과 더불어 장막에 거하였으니 이는 그가 하나님이 계획하시고 지으실 터가 있는 성을 바랐음이라"고 말하고 있다.

아담은 인류의 첫 조상이었고, 노아는 홍수 이후 새로운 인류의 시조였으며, 아브라함은 선택된 백성 이스라엘의 조상이다. 또한 예수 안에서 신령한 세계 만국 백성의 믿음의 조상이다.

처음 아브라함은 갈대아 우르에서 '영광의 하나님'으로부터 부르심을 받았다. '우르'(Ur)라는 단어는 본래 '빛' 또는 '불'이란 뜻이다. 이것은 당시의 불[火]을 숭상하는 우상 숭배의 의식에서 유래된 말이라고 학자들은 이야기하고 있다. 이것은 아브라함이 살던 시대가 우상을 섬기는 지극히 타락한 시대였음을 알려 준다.

여호수아 24장 2절에서도 여호수아가 백성들에게 "…너희의 조상들 곧 아브라함의 아버지, 나홀의 아버지 데라가 강 저쪽에 거주하여 다른 신들을 섬겼으나"라고 말하고 있다. 하나님은 어느 날 아브라함에게 영광의 하나님으로 나타나셔서 갈대아 우르를 떠나라고 명령하신다(행 7:2-3). 이에 아브라함은 아버지 데라를 따라서 갈대아 우르를 떠나 하란에 정착하게 된다(창 11:31).

하란은 메소포타미아 북부 지역인 밧단 아람의 성읍 중 하나로 매우 화려한 도시였다. 그 주변에는 셈 계열의 일가친척들이 많이 살고 있었던 것으로 추정된다(창 10:22, 24:4, 25:20, 28:5).

갈대아 우르에서 떠난 아브라함은 중간 정착지였던 하란에 체류하면서 아버지 데라를 향한 정(情) 때문에 계속 떠나지 못하고 있었다. 데라는 이미 조상들의 죄악 속에 태어나, 죄악 속에서 먹고 마시면서 자라고, 죄짓는 일이 온몸에 배어 있었으므로 중간 정착지였던 하란에서 그 죄악된 행실을 끊어 버리지 못하고 체류하고자 하였다. 그것은 '지체하다, 체류하다'라는 그 이름의 뜻대로 된 것이다.

하란에서 상당 기간 동안 함께 거주하고 있었던 아브라함은 그의 나이 75세에 두 번째 하나님의 부르심을 받고 하란을 떠나 마침내 가나안에 도착하였다(창 12:5). 이때 창세기 12장 1절에서 "…너는 너의 고향과 친척과 아버지의 집을 떠나 내가 네게 보여 줄 땅으로 가라"고 명령하셨다.

하란에서 아브라함은 이 명령에 순종하여 더 이상 아버지 데라를 붙잡지 않았다. 오직 말씀을 좇아(창 12:4) 마음으로부터 부친에 대한 정을 완전히 끊어 버리는 신앙의 용단을 내리고 가나안을 향해서 떠났다.

이에 대해 히브리서 11장 8절에서는 "믿음으로 아브라함은 부르심을 받았을 때에 순종하여 장래의 유업으로 받을 땅에 나아갈새 갈 바를 알지 못하고 나아갔으며"라고 그의 믿음을 크게 인정하였다.

75세에 하란을 떠나 가나안에 들어간 아브라함은 175세에 죽을 때까지 100년 동안 살면서 아들 이삭과 손자 야곱을 얻게 된다.

히브리서 11장 9절에서는 "믿음으로 그가 이방의 땅에 있는 것같이 약속의 땅에 거류하여 동일한 약속을 유업으로 함께 받은 이삭 및 야곱과 더불어 장막에 거하였으니"라고 말하고 있다. 아브라함의 장막 생활에서 주된 일은 무엇이었을까? 하나님을 믿는 자신의 신앙을 그 후손들에게 전수하는 일이었다.

그렇게 후손들에게 신앙을 전수하는 것이 창세기 18장 18-19절에서 아브라함을 부르신 목적이었고, 아브라함은 이에 온전히 순종하였다. 그 결과 아브라함의 아들 이삭은 믿음의 열매가 되었다. 그것은 하나님이 아브라함에게 100세에 낳은 유일한 언약의 자식인 이삭을 번제로 바치라고 했을 때(창 22:1-2), 이삭이 순종한 것에서 잘 나타나고 있다(창 22:9).

아브라함은 야곱과 15년을 같이 살면서 그에게도 믿음을 전수했을 것이다. 손자 야곱에게 아브라함 자신이 갈대아 우르에서 부르심을 받았을 때부터 하란에 머무른 이야기를 비롯하여, 하란에서 가나안으로 떠난 일, 75세에 하란을 떠난 이후 100년 동안 일어났던 하나님의 놀라운 역사, 그리고 땅과 자손에 대한 하나님의 언약이 성취된다는 사실을 교육하였다. 그것은 말로만 아니라 그의 삶 속에 묻어난 믿음을 통해 더 크게 각인되었을 것이다.

이렇게 믿음 안에서 아브라함과 이삭, 야곱 3대가 하나가 되었다. 이후 하나님은 아브라함의 하나님, 이삭의 하나님, 야곱의 하나님으로 불리게 되었으며, 하나님의 놀라운 구속 경륜은 이들 3대를 통하여 전개되기 시작한 것이다(출 3:6, 15-16; 마 22:32; 막 12:26; 눅 20:37; 행 3:13, 7:32)).[67]

그렇다면 이러한 아브라함에게 있었던 종말적 고난은 무엇이었을까?

첫째, 100세에 얻은 만득자 이삭을 번제로 바치라는 하나님의 명령이었을 것이다. 세상에서 가장 소중한 것이 생명이요, 가장 버리기 어려운 것이 생명이다. 아브라함은 자기 생명과 같은 가장 소중한 존재인 사랑하는 독자 이삭을 바치라는 명령에 순종함으로, 하나님의 친구에 합당한 믿음을 보여 주었다. 야고보서 2장 21-23절에서는 아브라함이 이삭을 번제단에 바친 사건을 '하나님의 벗'과 연결시키고 있다.

아브라함이 하나님의 명령에 순종하여 이삭을 제단에 바치는 것은 결코 쉬운 일이 아니었을 것이다. 왜냐하면 이삭은, 아브라함이 75세에 큰 민족을 이루어 주실 것이라는 약속을 받고(창 12:2) 자

---

[67] Ibid., pp. 240-244.

그마치 25년을 기다려서 그의 나이 100세에 얻은 약속의 자녀이기 때문이다(창 21:5). 그것도 사라의 경수가 끊어지고 아브라함과 사라가 각각 100세와 90세가 되어서 아이를 전혀 생산할 수 없을 때 낳은 자식이기에, 이삭에 대한 애착은 더욱 컸을 것이다.

하나님께서는 이토록 사랑하는 아들, 독자 이삭을 번제로 드리라고 명령하신 것이다(창 22:2). 번제는 제물을 잡아 각을 뜨고 배를 갈라, 피를 내어 사면에 뿌리고, 내장과 정강이를 씻어서 전부 불태워 드리는 제사이다. 어떻게 자식을 이런 번제로 드릴 수가 있겠는가? 아마도 아브라함은 고통스러운 흑암 속에서 뜬눈으로 밤을 지새웠을 것이다.

그러나 아브라함은 하나님의 명령이 떨어지자 그 말씀대로 순종하는 일에 시간을 조금도 지연시키지 않았다(시 119:60). 아침에 일찍 일어나, 부인 사라에게 아무런 상의도 하지 않고 나귀에 안장을 지우고 두 사환과 그 아들 이삭을 데리고 번제에 쓸 나무를 쪼개어 가지고 하나님께서 지시하신 모리아 산을 향하여 떠났다.

브엘세바에서 모리아 땅에 도착하는 3일 동안(창 22:4) 아브라함은 고민과 갈등, 초조함으로 그 가슴이 짓눌렸을 것이다. '내가 꼭 이삭을 바쳐야 하나? 혹시 내가 계시를 잘못 받은 것은 아닌가! 이삭이 죽으면 어떻게 하나님이 약속하신 큰 민족을 이룰 수 있을까? 그만 돌아갈까?…' 아브라함의 마음은 온갖 번민 속에 괴로울 뿐 아니라 그 가슴은 새까맣게 타고 있었을 것이다. 그러나 그는 모리아 정상을 오르는 내내 그 입을 열지 않았다.

아브라함은 두 사환을 산 아래 남기고 이삭에게 번제할 나무를 지우고 자기는 불과 칼을 손에 들고 올라갔다(창 22:5-6). 두 사람이 동행할 때, "불과 나무는 있거니와 번제할 어린 양은 어디 있나이까"(창 22:7)라고 아들 이삭이 던진 질문은 아브라함의 가슴에 비수처럼 꽂혔을 것이다. 아브라함은 "내 아들아 번제할 어린 양은 하나님이 자기를 위하여 친히 준비하시리라"(창 22:8)고 말하고 하나님이 지시하신 곳으로 묵묵히 올라갔다.

아브라함은 그곳에 단을 쌓고 나무를 벌려 놓고 그 아들 이삭을 결박하여 단 나무 위에 놓고 칼을 들어 잡으려고 했다. 창세기 22장 10절에 "잡으려 하니"는 히브리어 샤하트(שחט)로, '살해하다, 짐승의 목을 자르다, 도살하다'는 뜻을 가지고 있다. 아브라함은 독자 이삭에 대한 인간적인 정(情)을 떨쳐 버리고 단칼에 이삭을 죽이려고 했던 것이다.

아브라함이 칼을 내려치려는 마지막 찰나에 "아브라함아 아브라함아" 하는 음성이 들렸다. 이때 아브라함은 "내가 여기 있나이다"(창 22:11)라고 답하였으니, 여전히 순종의 결단에 흔들림이 없다는 강한 의지가 담겨 있다. 여호와의 사자는 "그 아이에게 네 손을 대지 말라 그에게 아무 일도 하지 말라 네가 네 아들 네 독자까지도 내게 아끼지 아니하였으니 내가 이제야 네가 하나님을 경외하는 줄을 아노라"고 말했다(창 22:12).

이렇게 자기의 가장 소중한 생명을 내놓을 수 있을 만큼 하나님 한 분만을 경외하며, 하나님의 말씀에 절대 순종하는 자가 하나님

의 친구로 인정받을 수 있는 것이다.[68]

이러한 아브라함의 믿음에 대하여 히브리서 11장 17-19절에는 "아브라함은 시험을 받을 때에 믿음으로 이삭을 드렸으니 그는 약속들을 받은 자로되 그 외아들을 드렸느니라 그에게 이미 말씀하시기를 네 자손이라 칭할 자는 이삭으로 말미암으리라 하셨으니 그가 하나님이 능히 이삭을 죽은 자 가운데서 다시 살리실 줄로 생각한지라 비유컨대 그를 죽은 자 가운데서 도로 받은 것이니라"고 말씀하고 있다. 즉 아브라함의 부활신앙을 말씀하고 있다.

둘째, 아브라함의 분리의 역사이다.

첫 번째 분리는, 고향, 친척과의 분리, 아버지 데라와의 분리이다. 갈대아 우르는 아브라함의 조상들이 우상을 숭배하던 곳이었다(수 24:2, 15). 아브라함이 여기에서 떠난 것은 신앙의 첫 단계인 세상과의 분리를 나타낸다.

아브라함이 살았던 갈대아 우르는 바그다드 동남쪽 비옥한 지역으로 고대 문명의 중심지이며 우상 숭배의 집결지였다. 아브라함 시대에 최고 절정기였는데, 이곳에 살던 아브라함의 아버지 데라는 하나님을 섬기는 일보다 우상에 심취해 있었다.

이때 하나님은 아브라함에게 "네 고향과 친척을 떠나라"고 말씀하셨다(행 7:3). 아브라함은 아버지 데라와 함께 우상의 도시 갈대아 우르를 떠났다. 그러나 데라는 중간 지점인 하란에서 안락한

---

[68] 박윤식,《영원히 꺼지지 않는 언약의 등불》(휘선, 2009), pp. 129-131.

생활의 유혹으로 거기서 머물고 말았다.

급기야 하나님은 아브라함이 75세 되었을 때 두 번째로 그를 부르셨는데, 이번에는 고향과 친척뿐만 아니라 "아버지의 집을 떠나라"고 명령을 내리셨다(창 12:1). 아주 직접적이고 단호한 명령이었다. 이러한 명령이 나온 것은 아브라함이 갈대아 우르에서 하나님의 부르심에 온전히 순종하지 못한 결과였다.

그래서 창세기 12장 4-5절에서 아브라함은 아비 집과 완전히 결별하라는 그 말씀을 순종한 후에("이에 아브람이 여호와의 말씀을 따라 갔고"), "마침내 가나안 땅에 들어갔다"고 기록하고 있다.

당시는 가부장적(家父長的) 사회였기 때문에 아버지의 뜻을 거부하고 떠난다는 것은 쉬운 일이 아니었다. 하란을 떠날 때 아브라함은 75세였으며 이때 데라는 145세로 생존해 있었다(창 12:4, 11:26). 145세나 된 아버지 데라를 두고 떠난다는 것은 한 가정을 책임지고 있는 장자로서 가슴 아픈 일이 아닐 수 없다.

그래서 "아비 데라가 죽은 후에야 하란을 떠났다"라는 말씀은 아브라함이 하나님의 말씀을 좇아가고자 했던 신앙의 결단이 얼마나 컸는가를 보여준다(행 7:4). 사도행전 7장 4절에 사용된 '죽음'이라는 단어는 헬라어로 '아포드네스코'(ἀποθνήσκω)로서, 여기에서는 이 단어가 상징적인 의미로 사용되었음을 알 수 있다(고전 15:31).

이것은 그의 마음에서 데라에 대한 정(情)이 그림자도 보이지 않을 만큼 완전히 분리되었음을 의미한다(눅 14:26). 아브라함은 75세(데라 145세)에 부친에 대한 정을 끊고 하란을 떠났고, 그로부터 60년

후에 데라가 205세로 하란에서 죽었다(창 11:32). 아브라함은 이러한 분리의 모든 아픔을 이기고 오직 믿음으로 말씀을 좇아갔던 것이다(창 12:4).

두 번째 분리는, 롯과의 분리이다. 창세기 13장 10-11절의 말씀을 볼 때, 롯은 세상 욕심을 가진 사람이었음을 알 수 있다. 하나님은 이러한 롯과 아브라함을 분리시키셨다. 이는 세상으로부터 분리되어 나왔음에도 불구하고 여전히 세속적이고 우유부단한 상태와의 분리를 의미한다(창 13:11-12).

롯은 아브라함과 헤어질 때 요단 온 들을 택하였다. 그 이유는 롯이 요단 들을 볼 때 소알까지 온 땅에 물이 넉넉하고 여호와의 동산처럼 좋게 보였기 때문이다. 이것은 롯이 세속적이고 물질적인 욕심으로 가득했음을 나타낸다(창 13:10).

아브라함에게 조카 롯은 갈대아 우르를 떠나 낯선 이방 가나안 땅으로 이주하여 정착하기까지 가장 힘들고 어려운 시기에 줄곧 함께해 온 유일한 피붙이였다. 늘 곁에서 의지가 되었던 조카 롯과 헤어져야 했을 때 아브라함의 가슴은 찢어지는 아픔이 있었을 것이다.

이러한 아픔이 있을지라도 그 아픔을 이기고 분리한 자만이 주님의 참 제자가 될 수 있는 것이다. 주님은 누가복음 14장 26절에서 "무릇 내게 오는 자가 자기 부모와 처자와 형제와 자매와 더욱이 자기 목숨까지 미워하지 아니하면 능히 내 제자가 되지 못하고"라고 말씀하셨고, 누가복음 14장 33절에서도 "이와 같이 너희 중의 누구든지 자기의 모든 소유를 버리지 아니하면 능히 내 제자가 되지 못하리라"고 말씀하셨다.

오늘도 우리는 나와 함께 있는 세속적이고 물질적인 것들과 분리함으로 주님의 참 제자가 될 수 있는 것이다.

세 번째 분리는, 이스마엘과의 분리(창 21장)이다. 마침내 약속의 후사였던 이삭이 태어나자, 아브라함은 자신의 인간적 수단과 잔꾀의 결과로 태어난 첩의 소생 이스마엘을 하나님의 지시를 따라 축출하게 된다(창 21:10-14). 이것은 하나님의 크신 뜻 앞에 자신의 계획과 능력의 포기, 즉 자기 부정의 단계를 말한다(창 4:30).

아브라함은 창세기 17장 18절에서 "이스마엘이나 하나님 앞에 살기를 원하나이다"라고 고백했다. 또한 창세기 21장 11절에서는 "그의 아들로 말미암아 그 일이 매우 근심이 되었으니"라고 하였다. 이것은 아브라함이 약 17년간 그의 첫 소생이었던 이스마엘을 붙들고 얼마나 큰 사랑을 쏟았는지를 보여 준다.

그러나 아브라함은 마침내 그렇게 사랑을 쏟았던 이스마엘, 어느새 대략 17세로 부쩍 성장한 이스마엘을 첩 하갈과 함께 내보내라는 명령을 받고 단호히 순종하게 되었다. 이스마엘과의 분리는 아브라함의 생애에서 한 인간으로서 겪는 가장 큰 아픔, 생살을 도려내는 아픔이었을 것이다.

오늘 우리도 우리에게 있는 이스마엘과 같은 것들을 내어 쫓아야 한다. 하나님의 뜻과 상관이 없지만 내가 너무나 사랑하여 도저히 놓을 수 없는 것들을 부정해야 한다. 그럴 때 이삭과 같은, 종말에 하나님의 기업을 소유할 수 있는 참 자격자가 되는 것이다.

네 번째 분리는, 이삭과의 분리(창 22장)이다. 하나님은 이스마엘을 내어 쫓으라고 하신 다음에, 이삭을 번제로 바치라고 명령하셨다. 아브라함은 그 명령에 따라 독자 이삭을 하나님께 번제로 드리기에 이른다(창 22:1-12). 물론 이삭을 살려 주셨지만, 이 사건은 자신에게 있어서 가장 소중하게 애착하는 것, 최상의 것을 하나님께 아낌없이 바치는 분리이다(창 22:16-17). 죽음과 맞바꾸는 분리요, 자신의 전 존재의 밑동을 송두리째 뒤흔드는 분리이다. 아브라함이 애착을 가졌던 육체를 따라 낳은 이스마엘뿐 아니라 약속의 자녀인 이삭에 대한 애착까지도 끊어야 된다는 것이다. 이삭은 당시에 아브라함이 가지고 있었던 마지막 애착이었다.

아브라함은 도저히 이해할 수 없는 하나님의 시험을 오직 하나님 한 분에 대한 절대 신뢰로 극복해 냈다. 이것은 하나님이 주신 축복까지 하나님께 돌려드리고, 결국엔 그것이 하나님의 소유임을 인정하는 성숙된 신앙인의 자세이다.

이는 요한계시록 4장에서 24장로들이 주께로부터 받은 금관을 (4절) 다시 주의 보좌 앞에 드리면서 만물이 다 주의 것이라고 찬송하며 영광 돌리는 장면을 연상하게 한다(계 4:10-11).

아브라함은 하나님이 정든 고향 땅 갈대아 우르를 떠나라고 명령하시고, 다시 아버지와 함께 이주하여 잠시 풍요를 누리던 하란을 떠나라고 명령하셨을 때, 최종 정착지가 어디인지도 모른 채 복종하여 순례자의 길을 떠났다(창 12:1; 히 11:8). 아브라함에게 있어서 이 길은 당시 사회적 분위기로 보아도 기득권의 상실이요, 안식처의 상실이요, 고독한 나그네의 길이었다. 이것은 비상한 결단과 용기를 가지고 분리의 삶을 살지 않았다면 불가능한 여행길이었다.

아브라함은 혈육인 아비 데라, 조카 롯, 첩의 아들 이스마엘, 본처의 아들 이삭과 분리의 아픔을 모두 믿음으로 감내하고 승리함으로, 마침내 하나님만을 경외하는 신앙으로 정상에 우뚝 서게 되었다(창 22:12).

성도는 세상 속에서 살되 세상과 타협하지 않고 철저히 구별된 삶을 살아, 하나님의 자녀다운 거룩함을 유지해야 한다(레 11:44-45; 벧전 1:15-16). 또한 우리는 하나님의 말씀에서 벗어난, 세속적이고 자유주의적인 여러 가지 세상 학문이나 신학을 거절해야 한다. 이들과의 타협은 결국 순수한 복음에서 이탈하게 만드는 것이기 때문이다.[69] 그러한 자들만이 종말에 환난을 이기고 승리할 수 있다.

---

69) 박윤식,《창세기의 족보》(휘선, 2011, 3판 7쇄), pp. 275-282.

5.
사라

히브리서 11장 11-12절에서 "믿음으로 사라 자신도 나이가 많아 단산하였으나 잉태할 수 있는 힘을 얻었으니 이는 약속하신 이를 미쁘신 줄 알았음이라 이러므로 죽은 자와 같은 한 사람으로 말미암아 하늘의 허다한 별과 또 해변의 무수한 모래와 같이 많은 후손이 생육하였느니라"고 말하고 있다.

창세기 23장 1절에서는 "사라가 백이십칠 세를 살았으니 이것이 곧 사라가 누린 햇수라"고 말하고 있다. 아담이 930세를 향수하고 죽었다는 기록은 있지만, 하와가 몇 세에 죽었다는 기록은 없다. 다른 위대한 족장들의 아내나 여성들도 대부분 죽음에 대한 기록이 성경에 나타나 있지 않다. 그런데 아브라함의 아내 사라의 죽음은 예외적이다.

성경에서는 그녀의 죽음과 사망한 장소를 창세기 23장 전체에 걸쳐서 길게 다루고 있다. 이것은 갈대아 우르를 떠날 때부터 끊임없이 지속된 나그네 생활에도 불구하고 묵묵히 아브라함 곁에서 함께했던 그녀의 믿음의 위대성을 입증하는 듯하다(창 17:16; 히 11:11-12).

사라는 아브라함과 함께 갈대아 우르를 떠나 마침내 65세의 나이로 가나안에 들어온 이후(창 12:4-5), 62년을 아브라함과 함께하고 127세에 죽어 막벨라 굴에 장사됨으로(창 23:19), 아브라함의 충실한 동반자로서의 나그네 삶을 마감하였다(벧전 3:6).

그녀의 삶은 순탄하지 않았고 여러 가지 실수도 없지 않았다. 그러나 약속하신 이를 미쁘신 줄 알아 끝까지 믿고(히 11:11), 하나님의 구원사적 경륜을 이루는 삶을 살았던 사라는 믿는 자에게 본이 되기에 손색이 없었다(사 51:2; 히 11:12).[70]

이러한 사라에게 종말적 고난은, 믿음의 조상이 되기 위해 온갖 고난을 감내하며 나그네 인생을 살았던, 아브라함과 동고동락했던 삶이라 할 수 있다.

---

70) 박윤식,《잊어버렸던 만남》(휘선, 2008), pp. 113-114.

6.
이삭

히브리서 11장 20절에서 "믿음으로 이삭은 장차 있을 일에 대하여 야곱과 에서에게 축복하였으며"라고 말하고 있다.

이삭은 절대 순종한 자였다. 하나님은 어느 날 아브라함에게 이삭을 번제로 바치라고 명령하셨다(창 22:1-2). 이삭이 번제에 쓸 나무를 지고 산에 올라간 것을 볼 때(창 22:6), 어느 정도 장성하였을 것으로 추정된다.

이삭은 번제에 쓸 나무를 지고 올라가면서 제물이 없음을 이상히 여겨 아버지에게 "불과 나무는 있거니와 번제할 어린 양은 어디 있나이까"라고 물었다(창 22:7). 아브라함은 차마 "아들아, 네가 제물이다"라고 말하지 못하고, 착잡한 심정으로 "아들아, 하나님이 자기를 위하여 친히 준비하시리라"고 대답하였다(창 22:8).

하나님이 지시하신 곳에 도착하여 아브라함이 이삭을 결박하여 제단 나무 위에 올려놓았다(창 22:9). 여기 '결박하여'는 히브리어 '아카드'(עקד)로, 폭력을 써서 강압적으로 희생 제물의 사지를 묶을 때 사용되는 표현이다. 아브라함이 이삭을 강제로 제단 나무 위에 올려놓으려 할 때, 이삭은 혈기왕성한 젊은 청년으로 얼마든지 저항할 수 있는 힘이 있었을 것이다. 그러나 이삭은 묵묵히 아버지에게 순종하였으니(창 22:9-10), 그것은 하나님께 대한 이삭의 온전한 믿음과 절대 순종을 보여 준 것이다.

번제에 쓸 나무를 지고 모리아의 한 산으로 올라가 제물이 되었던 이삭의 모습은(창 22:6), 십자가를 지고 골고다 언덕으로 올라가 마침내 인류의 대속 제물로 순종하시는 예수 그리스도의 모습을 예표한다(마 20:28; 요 1:29). 이사야 선지자는 예수 그리스도께서 죽기까지 순종하시는 모습을 보고 "그가 곤욕을 당하여 괴로울 때에도 그의 입을 열지 아니하였음이여 마치 도수장으로 끌려가는 어린 양과 털 깎는 자 앞에서 잠잠한 양같이 그의 입을 열지 아니하였도다"(사 53:7)라고 묘사하였다.

하나님은 아브라함의 믿음과 이삭의 순종을 보시고 "그 아이에게 네 손을 대지 말라"고 말씀하시고, 뿔이 수풀에 걸린 한 숫양을 준비하셔서 이삭 대신 제물로 바치게 하셨다(창 22:13-14). 그래서 아브라함은 그 땅 이름을 '여호와 이레'(여호와께서 준비하심)라고 불렀다(창 22:14). 절대 순종하는 자는 이삭처럼 죽을 자리에서 반드시 살아나며, '여호와 이레'의 축복을 받게 될 것이다.

한편 이삭은 리브가와 40세에 결혼하였는데 20년 동안 자식이 없자 이삭이 하나님께 기도하였다. 이삭의 기도에 응답하여, 하나님은 그의 나이 60세에 에서와 야곱, 쌍둥이를 주셨다(창 25:20-26). 예수 그리스도의 족보에는 이삭 다음에 에서가 아닌 둘째 아들 야곱이 기록되어 있다. 이것은 이스라엘의 일반적인 족보에서는 굉장히 이례적인 일로, 하나님의 주권적인 구속사적 경륜을 따라 선택하신 야곱을 통해서 예수 그리스도가 오시는 계보가 이어지게 하셨음을 나타낸다.

처음에 이삭은 야곱이 에서인 줄 알고 '부지중에' 장자의 축복을 하였다. 그러나 야곱이 장자의 축복을 받고 나간 후 에서가 들어왔을 때 자기가 축복한 사람이 야곱임을 깨닫고 "심히 크게" 떨었다(창 27:33). 이 떨림은 야곱에게 축복한 것이 실수였다는 생각 때문이 아니라, 자신의 무지로 인하여 하나님의 구속사적 경륜과 주권 섭리를 거스르고 에서에게 축복할 뻔하였다는 생각에서 나온 '거룩한 두려움'이었다.

하나님의 경륜과 섭리를 깨달은 이삭은, 자기에게도 장자의 축복을 달라고 간청하는 에서의 강력한 요구를 믿음으로 거절하였다(창 27:33, 37-40). 이러한 배경을 두고 히브리서 11장 20절에서는 "믿음으로 이삭은 장차 오는 일에 대하여 야곱과 에서에게 축복하였으며"라고 말하고 있다. 하나님의 경륜과 섭리 앞에 인간적인 정(情)을 포기하고 거절하는 것이 참된 믿음이다.[71] 이러한 믿음을 가진 자만이 종말적 환난을 이기고 승리할 수 있는 것이다.

그렇다면 이러한 이삭에게 종말적 고난은 무엇이었을까? 그것은 하나밖에 없는 자신의 생명을 아버지의 손에 맡기는 것이었다. 세상에서 가장 소중한 것이 생명이요, 가장 버리기 어려운 것이 생

---

71) 박윤식, 《언약의 등불》(휘선, 2009), pp. 133-135.

명인데, 자기 생명을 아버지의 손에 맡기는 것은 하나님을 향한 온전한 순종이 아니면 가히 불가능한 일이다.

7.
야곱

히브리서 11장 21절에서 "믿음으로 야곱은 죽을 때에 요셉의 각 아들에게 축복하고 그 지팡이 머리에 의지하여 경배하였으며"라고 말하고 있다.

야곱은 장자의 축복을 받았다. 본래는 에서가 장자인데 실제로 장자의 명분과 축복을 받은 사람은 야곱이다.

아브라함은 이삭을 100세에 낳았고, 이삭은 야곱을 60세에 낳았으며, 아브라함은 175세를 향수하였으므로 아브라함, 이삭, 야곱 3대는 15년 동안 같은 장막에 거하였다(히 11:9). 아브라함은 이삭, 야곱과 함께 살면서 하나님의 언약을 가르치며 전수하였을 것이다. 장막에 거하기를 좋아했던 야곱은(창 25:27) 할아버지 아브라함과 어머니 리브가 등을 통해 신앙 교육을 철저하게 받아서 자연히 장자의 축복을 사모하였다.

사냥을 하고 돌아와 곤비하여 팥죽을 원했던 형 에서에게 가장 먼저 요구한 것이 장자의 명분일 정도로, 야곱은 장자권을 무척 사모하였다. 그러나 정작 에서는 자신의 장자권을 경홀히 여겼다(창 25:31, 34). 장자의 명분을 얻은 야곱은 아버지 이삭이 형 에서에게 장자의 축복을 주려고 했을 때, 형 에서보다 먼저 들어가 장자의 축복까지 빼앗았다(창 27:36).

이 모든 일이 야곱의 야망으로 이루어진 것처럼 보이지만, 그 속에는 야곱을 예수 그리스도의 직계 조상으로 세우시려는 하나님의 주권적인 선택과 구속사적 경륜이 들어 있었다. 훗날 사도 바울은 "그런즉 원하는 자로 말미암음도 아니요 달음박질하는 자로 말미암음도 아니요 오직 긍휼히 여기시는 하나님으로 말미암음이니라"(롬 9:16)고 하여 야곱의 선택이 하나님의 주권이었음을 확실히 증거하였다.

장자의 축복을 빼앗긴 에서가 야곱을 죽이려 하자(창 27:41), 야곱은 76세에 삼촌 라반의 집으로 도망간다. 야곱은 삼촌 라반의 집에서 7년간 봉사하였고, 그 대가로 먼저 레아를 얻었다. 또다시 7년을 더 봉사한다는 조건으로 나중에 사랑하는 라헬을 아내로 맞았다(창 29:18, 27). 그러므로 야곱이 장가간 때는 그의 나이 83세로(주전 1923년), 형 에서보다 43년이나 늦었다(창 26:34).

야곱은 삼촌 라반의 집에서 20년간 있으면서(창 31:41) 레아, 라헬, 빌하, 실바라는 네 아내를 통하여 베냐민을 제외한 11남 1녀를 얻었다(창 30:22-24). 90세에 라헬을 통하여 열한 번째 아들 요셉을 낳았으며(창 30:22-24), 이후로 6년간 외삼촌 라반의 양 떼를 위해 봉사하였다(창 30:25-31, 31:38-41). 야곱의 열두 아들은 이스라엘 열두 지파의 조상이 되어 이스라엘 국가 형성의 기초가 되었다.

야곱은 주전 1910년 96세에 가나안 땅으로 귀환하였고, 130세에 70명의 가족을 이끌고 애굽 땅에 들어갔으며(창 47:9), 147세를 향수하고 애굽에서 죽었다(창 47:28).

한편 야곱은 죽기 전에 열두 아들에게 "후일에 당할 일"(창 49:1)을 "각 사람의 분량대로"(창 49:28) 예언하였는데, 그는 언약의 계승자로 자식들의 육신적 서열을 따르지 않고 구속사적 경륜을 좇아 축복하였다. 이것을 가리켜 히브리서 11장 21절에서는 야곱이 죽을 때에 "믿음으로" 축복하고 하나님께 경배하였다고 말하고 있다.[72]

그렇다면 이러한 야곱에게 종말적 고난은 무엇이었을까? 그것은 그가 형 에서를 피하여 밧단 아람의 삼촌 라반의 집에서 보냈던 20년의 종살이였다. 그것은 창세기 31장 38-41절에서 야곱이 한 말에서 그의 고난을 알수 있다.

"내가 이와 같이 낮에는 더위와 밤에는 추위를 무릅쓰고 눈 붙일 겨를도 없이 지냈나이다"(40절)라고 하였다. 하지만 야곱이 그러한 고난을 겪지 않았다면, '발꿈치를 잡은 자'라는 그의 이름의 뜻과 같은 육신의 욕망을 떨쳐버리지 못하고 이스라엘로 거듭나지 못했을 것이다.

---

72) Ibid., pp. 137-139.

8. 요셉

히브리서 11장 22절에서 "믿음으로 요셉은 임종 시에 이스라엘 자손들이 떠날 것을 말하고 또 자기 뼈를 위하여 명하였으며"라고 말하고 있다.

야곱은 90세(주전 1916년, 횃불 언약 166년째)에 라헬을 통해 아들 요셉을 얻었다. 요셉은 17세에 두 가지 꿈을 꾸었다. 요셉의 꿈은 보통 사람들이 잠자는 동안 꾸는 일반적인 꿈과 달리 계시적인 것이었다.

첫 번째 꿈은 곡식을 묶은 열한 개의 단이 요셉의 단에 절하는 꿈이요, 두 번째 꿈은 해와 달과 열한 별이 요셉에게 절하는 꿈이었다(창 337:6-11). 꿈을 두 번이나 꾼 것은 그 꿈이 확실히 하나님께서 계획하시고 이루실 꿈이었기 때문이다.

이 두 가지 꿈에서 나오는 "절하더이다"(창 37:7, 9)는 히브리어 '샤하'(שחה)의 '히트파엘 형'으로서, 이것은 '자발적으로 꿇어 엎드리다'라는 뜻이다.

절 받는 꿈은 예사로운 꿈이 아니다. 이것은 전적인 존경과 복종의 표시이다. 어떤 사람이 인격, 사상, 행위 면에서 위대한 삶을 살았거나 아주 훌륭한 업적을 남겼을 때, 사람들은 누가 시키지 않아도 경외하는 마음으로 고개를 숙이거나 절을 하게 된다. 나라를 다스리며 국민을 감동시키는 통치자에게 백성들은 진심 어린 마음으로 무릎을 꿇는다. 또한 패자는 승자의 발 앞에 자발적으로 엎드린다.

요셉의 꿈은 앞으로 열한 형제가 요셉에게 자발적으로 존경하고 복종하게 될 것을 의미한다. 요셉이 형제들 가운데 장자라는 것이다. 더 나아가 온 세계를 다스리는 통치자가 된다는 예고였다. 실제로 요셉이 국무총리가 된 다음에 애굽 온 백성이 엎드려 절하였으며(창 41:43), 기근을 맞아 양식을 구하러 온 형제들도 요셉에게 절을 하였으며(창 42:6, 43:26, 28, 44:14), 각국 백성도 양식을 사려고 애굽으로 들어와 요셉에게 이르렀으니(창 41:54-57), 이 꿈은 일차적으로 확실하게 이루어졌다.

더 나아가 이 꿈은 하나님께서 횃불 언약을 성취시키기 위하여, 야곱의 가족을 애굽으로 이주시키려는 하나님의 섭리가 요셉을 통하여 이루어질 것을 예고하는 꿈이었다. 평소 아버지의 사랑을 독차지하여 형들에게 미움을 받던 요셉은(창 37:3-4), 꿈을 꾼 이후에 형들에게 죽임을 당할 뻔했고(창 37:20), 결국 애굽으로 팔려 가는 비운(悲運)을 겪게 된다.

형들에 의해 미디안 상인들에게 팔린 요셉은 애굽에서 다시 보디발의 집에 종으로 팔려 가정 총무가 된다(창 39:1-6). 요셉은 애굽에 간 지 10년쯤 되었을 때, 보디발 아내의 유혹을 뿌리친 일로 옥에 갇히게 된다(창 39:7-23).

범죄와 전혀 상관없이 누명을 쓰고 옥에 갇히게 되면 누구나 자신의 억울함을 풀려고 백방으로 힘을 쓰기 마련인데, 요셉은 그럴 만한 배경이 전혀 없는, 이방 나라에서 잡혀 온 비천한 노예 신세였다. 그렇게 감당하기 어려운 고통과 참담함 속에서 2년 넘게(약 3년) 옥에 갇혀 있었다(창 41:1).

이때 요셉이 당한 오랜 시련과 고통에 대하여 시편 기자는 "그의 발은 차꼬를 차고 그의 몸은 쇠사슬에 매였으니 곧 여호와의 말씀이 응할 때까지라 그의 말씀이 그를 단련하였도다"(시 105:18-19)라고 하였다. 하지만 요셉이 당했던 극심한 시련은 이미 아브라함에게 주어진 횃불 언약을 성취시키기 위한 하나님의 섭리였다.[73]

한편 요셉은 아버지 야곱이 죽은 후에, 애굽에서 53년을 더 살고 110세에 생을 마감함으로써(창 50:26), 이스라엘의 '족장 시대'는 그 대단원의 막을 내리게 된다. 요셉은 야곱과 달리 가나안에 장사되지 않고, 화려한 장례식도 없이 일단 애굽에서 미라(mummy)로 입관되었다(창 50:22-26).

주전 1806년 횃불 언약을 맺은 지 276년째에 요셉은 임종을 앞두고 유언하면서, 그의 후손들에게 출애굽하여 가나안에 돌아갈 때 반드시 자신의 해골을 애굽에서 메어다가 가나안에 묻어 줄 것을 단단히 맹세시켰다(창 50:25). 그것은 약속의 땅 가나안에 대한

---

73) 박윤식,《잊어버렸던 만남》(휘선, 2008), pp. 145-147.

하나님의 약속을 조금도 의심하지 않고 굳게 믿었기 때문이다(창 50:24-25).

요셉은 임종 시에 유언하면서 먼저 하나님께서 이스라엘 백성을 애굽 땅에서 인도하여 내사 가나안에 이르게 하실 것이라고 말했다(창 50:24). 이것은 횃불 언약의 예언대로 하나님께서 장차 이스라엘을 출애굽시킬 것을 예언한 것이다(창 15:14). 이 부분을 히브리서 11장 22절에서는 "믿음으로 요셉은 임종 시에 이스라엘 자손들이 떠날 것을 말하고…"라고 말하고 있다.

다음으로 요셉은 자기 해골을 위하여 명령하였다(창 50:25; 히 11:22). 당장 애굽에서 메어다가 가나안에 자신을 묻어 달라고 하였던 아버지 야곱과는 달리, 요셉은 하나님께서 권고하시는 날에 자신의 해골을 애굽에서 가지고 나가라고 명령하였다. 요셉은 단지 자기 혼자만 가나안에 먼저 묻히는 것을 원하지 않고, 자기 백성들과 함께 출애굽하여 가나안에 들어가기를 간절히 소원하였던 것이다.

요셉이 이 유언을 강조한 이유는 일찍이 그의 조상 아브라함을 통해서 내려온 하나님의 언약, 곧 횃불 언약을 기억했기 때문이다. 자신의 마지막 삶을 결산하는 순간 요셉이 기억한 것은, 하나님의 말씀, 곧 하나님의 언약이었다.

횃불 언약이 체결된 지 276년이나 되었음에도, 요셉은 자신이 죽어가는 마지막 순간에 하나님께서 아브라함에게 주셨던 그 언약을 신실하게 붙잡고 있었다.

그래서 히브리서 11장 22절에서는 요셉의 그런 행위를 '믿음'의

범주 속에 넣으면서 "믿음으로 요셉은 임종 시에…또 자기 뼈를 위하여 명하였으며"라고 기록하였다.[74]

이러한 요셉에게 종말적 고난은 바로 시편 105편 18-19절에서 표현되는 오랜 시련과 고통이었다. 즉 "그의 발은 차꼬를 차고 그의 몸은 쇠사슬에 매였으니 곧 여호와의 말씀이 응할 때까지라 그의 말씀이 그를 단련하였도다"라고 말하고 있다. 이처럼 감옥에 들어가는 고난을 이기고 하나님께서 주신 언약을 끝까지 붙잡는 믿음이 바로 종말적 환난을 이기는 믿음인 것이다.

---

74) Ibid., pp. 172-174.

9.
모세

히브리서 11장 24-26절에서 "믿음으로 모세는 장성하여 바로의 공주의 아들이라 칭함 받기를 거절하고 도리어 하나님의 백성과 함께 고난 받기를 잠시 죄악의 낙을 누리는 것보다 더 좋아하고 그리스도를 위하여 받는 수모를 애굽의 모든 보화보다 더 큰 재물로 여겼으니 이는 상 주심을 바라봄이라"고 말하고 있다.

투트모세 1세는 강한 탄압 정책을 펴서 히브리인들이 감당하기 어려울 정도로 무거운 노동을 시켰다. 거기에 새로 태어나는 히브리 사내아이들을 나일강에 던져 모조리 죽이는 민족 말살 정책까지 강행하였다(출 1:15-22).

이러한 때 모세는 레위 족속의 '아므람'과 레위 여자 '요게벳' 사이에서 태어났다. 모세의 부모는 모세를 석 달 동안 숨겨서 키웠다(출 2:1-2). 그러나 더 이상 숨길 수 없게 되자 갈대 상자에 모세를 넣고 역청과 나무진을 칠하여 하숫가 갈대 사이에 두었으나(출 2:3), 바로의 딸에게 발견되어 건짐을 받는다(출 2:5-6). 그래서 모세의 이름은 '물에서 건져냄'이라는 뜻이다(출 2:10).

　모세의 부모가 모세를 갈대 상자에 담아 나일강 갈대 사이에 두었을 때, 바로의 딸이 목욕하러 왔다가 모세를 발견하고 데려다가 아들로 키우기 시작하였다.

　하나님의 놀라운 섭리 가운데 모세의 유모가 된 친어머니 요게벳은, 모세를 오직 하나님의 율례와 법도를 따라 신앙으로 양육하면서 그의 민족적 뿌리가 히브리인이라는 강한 선민의식을 심어주었을 것이다. 그는 노예 출신임에도 불구하고 애굽의 왕자로서 동등한 대우를 받아, 당시 애굽 사람의 최고 학문과 기술, 군사, 건축, 종교에 관한 교육을 받았다. 그러면서 '그의 말과 하는 일들이 능한'(행 7:22) 지도자로서의 자질을 갖추어 나갔다.

　이러한 모세가 만일 바로의 왕자로 계속 있기를 원했다면 그는 애굽의 부귀영화를 누리며 살았을 것이다. 그러나 모세는 그것이 "잠시 죄악의 낙을 누리는 것"임을 깨닫고(히 11:25) 자기 앞에 보장되어 있는 영광을 한순간에 버리고, 하나님의 백성과 함께 고난받기를 더 좋아했다. 히브리서 11장 26절에서는, 모세가 애굽 궁정을 떠나 완악한 백성들과 함께 받은 고난을 "그리스도께서 당하신 능욕"으로 해석하였다.[75]

　하나님의 대행자로 선택받은 모세는 애굽 왕실에서 40년 동안 애굽 사람의 학술을 다 배웠으며(행 7:22-23상), 미디안 광야에서 40년간 장인 이드로의 양을 치면서 인내와 겸손을 몸에 익혔다

---

75) Ibid., pp. 190-194.

(참고-행 7:29-30). 마침내 80세에 하나님의 구원의 때가 이르자, 하나님께서는 호렙산 떨기나무 가운데 강림하시어(출 3:1-4) 모세에게 "네가 선 곳은 거룩한 땅이니 네 발에서 신을 벗으라"고 명령하시고 그를 중보자로 세우셨다(출 3:5-10).[76]

그리하여 모세는 80세에 출애굽 및 광야의 지도자로서 부름을 받아 40년을 보냈으며 120세에 여호와의 말씀대로 모압 땅에서 죽어 벧브올 맞은편 모압 땅에 있는 골짜기에 장사(葬事)되었다(신 34:5-6).

이러한 모세에게 종말적 고난은 무엇이었을까? 그것은 바로 미디안에서 40년 동안 받은 훈련 기간과 10번이나 하나님을 원망하며 40년간 하나님의 근심거리였던 완악한 이스라엘 백성(시 95:10)을 인도하는 기간의 고난이었다.

하지만 모세는 가데스 므리바 반석에서, 지팡이를 손에 잡고 반석을 향해 명하여 물을 내라고 하신 말씀을 거역하고, 반석을 두 번이나 친 일로 인하여 가나안 입성을 금지당하는 아쉬움을 남겼다(민 20:12, 27:14; 신 32:51).

---

76) 박윤식, 《햇불 언약의 성취》(휘선, 2013), p. 89.

10.
라합

히브리서 11장 31절에서 "믿음으로 기생 라합은 정탐꾼을 평안히 영접하였으므로 순종하지 아니한 자와 함께 멸망하지 아니하였도다"라고 말하고 있다.

마태복음 1장 5절에서 "살몬은 라합에게서 보아스를 낳고"라고 말하고 있다. 여기 나오는 라합은 여호수아 2장에 나오는 기생 라합을 가리킨다.

이스라엘 백성이 40년간의 광야 생활을 마치고 모압 평지에 있는 싯딤에 진을 쳤을 때, 여호수아는 가나안 땅과 여리고를 엿보기 위해 비밀리에 두 정탐꾼을 파견하였다(수 2:1). 두 정탐꾼은 라합이라는 기생의 집에 유숙하였다.

여리고 왕은 이스라엘 자손 몇 사람이 여리고 땅을 정탐하기 위해 왔다는 소식을 듣고 기생 라합에게 "네 집에 들어간 그 사람들을 끌어내라"고 기별하였다(수 2:2-3). 그러나 라합은 두 정탐꾼을 지붕의 삼대에 숨기고, 두 사람이 벌써 왔다 갔노라고 하면서 여리고 군인들을 따돌렸다(수 2:4-6). 라합은 이 사실이 발각되면 죽임을 당할 수밖에 없는 위험 속에서도 생명을 내걸고 하나님의 사람들을 숨겨 주었다.

두 정탐꾼은 기생 라합 때문에 여리고 성에 대한 모든 정보를 입수할 수 있었고, 이것은 여리고 성이 무너진 후에 그곳을 완전히 점령하는 데 많은 도움이 되었다. 기생 라합은 두 정탐꾼을 살려 주었을 뿐 아니라, 이스라엘의 여리고 성 점령에 일등 공신이 되어 하나님의 구속 역사에 대단히 중요한 역할을 담당하였다.

기생 라합의 행위는 세상의 상식과 기준으로 볼 때는 자기 민족을 배반하는 비열한 행동으로 비쳐질 수도 있다. 그러나 그녀에게는 믿음에 입각한 정확한 역사적인 안목이 있었다. 라합은 "여호와께서 이 땅을 너희에게 주신 줄을 내가 아노라"(수 2:9)고 고백하였다. 그녀는 가나안 땅은 이스라엘에게 점령당할 수밖에 없으며 이것을 방해하는 것은 하나님의 섭리에 도전하는 것이라 확신하였다.

이방인의 성읍 여리고에 사는 한 부정한 여인으로서, 하나님께서 아브라함과 그의 후손들에게 지속적으로 말씀하셨던 '가나안에 대한 약속'(창 15:7, 17:8, 26:3, 28:13, 35:12, 50:24; 출 6:8, 23:28-30; 민 33:52-53, 34:1-12; 신 6:18; 수 1:15)을 확신하는 그녀의 신앙 고백은 너무도 놀랍고 위대하다. 라합이 두 정탐꾼을 평안히 영접할 수 있었던 것은 바로 이러한 믿음에 의한 것이었다(히 11:31).

그녀는 여호수아 2장 10절에서 여호와께서 홍해를 마르게 하셨다고 말했으며, 여호수아 2장 11절에서는 "너희의 하나님 여호와는 위로는 하늘에서도 아래로는 땅에서도 하나님이시니라"고 고백하였다. 하나님을 온 우주를 창조하시고 주관하시는 유일하신 하나님이라고 고백한 것이다. 기생 라합은 하나님의 구속사를 꿰뚫는 혜안이 있었을 뿐만 아니라 하나님을 확신하는 믿음이 있었다. '넓다, 크다, 확 트이다'라는 라합의 이름 뜻처럼, 그녀는 생각과 믿음이 넓고 큰 사람이었다.

그녀는 오직 하나님만 자신과 가족의 생명을 죽는 데서 건져 주실 수 있음을 확신하고, 두 정탐꾼에게 하나님께 맹세하고 진실한 구원의 표를 내라고 요구했다(수 2:12-13). 그들은 라합에게 "창문에 이 붉은 줄을 매고 네 부모와 형제와 네 아버지의 가족을 다 네 집에 모으라"고 말했으며, 라합은 그대로 순종하여 붉은 줄을 창에 매고 가족들을 다 모았다(수 2:18-21). 여호수아는 여리고 성 전체를 불로 태울 때, 약속대로 오직 기생 라합과 그 집에 속한 모든 것은 다 살려 주었다(수 6:23-25).

창에 맨 붉은 줄은 출애굽 당시 이스라엘 가정의 문설주에 발라 사망을 피하게 했던 어린 양의 피와 같은 구원의 증표로서(출 12:7, 13), 인류의 죄를 속량하고 사망에서 구원하여 영원한 생명을 얻게 하신 예수 그리스도의 보혈(寶血)을 예표한다(엡 1:7; 벧전 1:18-19).

기생 라합의 믿음에 대하여 야고보서 2장 25절에서는 "또 이와 같이 기생 라합이 사자들을 접대하여 다른 길로 나가게 할 때에 행함으로 의롭다 하심을 받은 것이 아니냐"라고 말하고 있다. 이 말씀을 볼 때, 라합은 분명히 '의롭다 하심'을 받았다. 그런데 라합이 정탐꾼을 숨겨 준 믿음의 행위가 아브라함이 이삭을 바친 믿음의 행위에 뒤이어 기록되고 있음을 주목해야 한다(약 2:21-25).

성경은 아브라함과 같은 위대한 인물이 믿음으로 의롭다 하심을 받은 것처럼, 이방의 비천한 기생 라합도 의롭다 하심을 받기에 충분한 믿음의 소유자임을 분명하게 말한 것이다.

그녀는 비록 가나안 여자였고 천한 기생이었지만 남편 살몬과 함께 예수 그리스도의 족보에 이름이 올라가는 최고의 축복을 받았다.[77]

그렇다면 이러한 라합에게 종말적 고난은 무엇이었을까? 그것은 자신의 목숨을 담보로 두 정탐꾼을 도와주면서 받는 심적 고난이었을 것이다.

---

77) 박윤식,《언약의 등불》(휘선, 2009), pp. 164-167.

11.
다윗

다윗은 이새의 여덟 번째 아들로, 약 15세에 사무엘 선지자를 통해 왕으로 기름 부음을 받고(삼상 16:13), 왕궁에 들어가 수금을 연주하며 사울이 악신에 들려 번뇌하는 것을 치료하는 일을 하였다(삼상 16:21-23). 그리고 블레셋과의 전투에서 다윗이 골리앗을 물매로 죽인 후에, 여인들이 왕 사울을 환영할 때 "사울이 죽인 자는 천천이요 다윗은 만만이로다"라고 뛰놀며 창화(唱和: 한쪽에서 노래하고 한쪽에서 화답함)했던 일로 인하여 사울의 노여움을 사고 그에게 쫓기게 된다(삼상 18:7).

그러나 다윗은 하나님이 함께하시므로 백성의 칭송을 받으며 그 명성이 점점 높아졌다(삼상 18:16, 30). 사울 왕까지도 여호와께서 다윗과 함께 계심을 보고 알 정도였다(삼상 18:28). 이러한 다윗을 시기한 사울은 다윗을 죽이려고 그가 수금을 타고 있을 때 창을 던졌으며(삼상 18:11, 19:9-10), 다윗의 집에 사자들을 보내어 그를 죽이라고 명령하였다(삼상 19:11).

다윗은 진퇴양난의 위기 속에서 자신을 구해 주실 수 있는 분은 오직 하나님뿐임을 깨닫고 살려 달라고 간절히 하나님께 매달렸다. 이때 다윗이 지은 시(詩)가 바로 시편 59편이다. 이 시편의 표제는 "사울이 사람을 보내어 다윗을 죽이려고 그 집을 지킨 때에"라고 기록되어 있다. 사울이 보낸 사자들은 다윗의 집으로 달려와서 매복하여 지키다가 아침에 그를 죽이라고 명을 받은 상태였다(삼상 19:11).

다윗은 사울이 보낸 이 군사들을 가리켜 "생명을 해하려고 엎드려 기다리는 자", "강한 자", "모여 나를 치려는 자"(시 59:3), "개처럼 울며 성으로 두루 다니는 자"(시 59:6, 14), "피 흘리기를 즐기는 자"(시 59:2), "입으로는 악을 토하며 그들의 입술에는 칼이 있는 자"(시 59:7)라고 불렀다.

이렇게 다윗은, 한 나라를 쥐고 흔드는 왕의 막강한 세력이 자기를 삼키려 에워싸고 저물도록 두루 다니며, 생명을 위협하는 매우 급박한 상황에 직면했던 것이다. 그래서 다윗은 자기를 원수들에게서 건져주시라고, 적들이 도저히 접근할 수 없는 높은 곳으로 들어 옮겨 구원해 주시라고 하나님께 호소했다(시 59:1-2).

다윗은 자기에게 아무 허물이 없음을 당당히 고백하면서, 하나님께서 자기의 위급한 처지를 보시고 속히 깨어 일어나 감찰해 주시며(시 59:3-4) 거만한 악인들을 공의의 하나님께서 소멸해 주시기를 간구하였다(시 59:11-13).

다윗은 마침내 하나님이 환난 날에 자신의 피난처이시며, "주의 힘"이 곧 "나의 힘"이요, "주는 나의 산성"이라고 확신하면서, 아침에 주의 힘을 노래하고 주의 인자하심을 높이 부르고 찬양하겠다고 고백하였다(시 59:9-10, 16-17). 다윗은 대적이 아무런 이유 없이 거짓과 궤사로 자기를 해치려는 억울한 상황 속에서도, 무서운 원수들이 세력을 합쳐 자신을 두루 찾아다니는 죽음의 위기 속에서도, 하나님을 믿는 신앙으로 굳게 서서 구원의 아침이 올 것을 확신하면서 찬송하였다. 끝까지 하나님의 긍휼만을 바라보고 기다렸다.

하나님은 다윗의 기도를 들으시고, 다윗을 창에서 달아 내려서 도망가도록 길을 열어주셨다(삼상 19:11-17). 이때부터 길고 긴 다윗의 도피 생활이 시작된 것이다.

성경은 다윗의 도피 생활에 관하여 아주 상세하게 기록하고 있다(삼상 19-31장). 다윗의 도피 생활이 시작된 때는 골리앗 장수를 죽인 지 얼마 지나지 않은 주전 1020년경이었다. 이때부터 다윗이 헤브론에서 왕이 된 주전 1010년까지 다윗의 도피 생활은 약 10년간이나 지속되었다. 다윗은 도피하는 과정에서 숱한 우여곡절과 고난을 겪으면서, 남의 어려움을 이해할 수 있는 마음을 갖게 되었고 어떠한 역경도 이겨 나갈 수 있는 참된 지도자로 연단을 받았다.[78]

다윗은 이처럼 왕이 되기 전에 10년간이나 도피 생활을 해야 했다. 이런 생명을 건 도피 생활은 다윗에게 바로 종말적 고난이었다. 하지만 다윗의 도피 생활은 하나님의 특별한 섭리 속에서 최후 승리를 위하여 예비된 축복의 방편이었으며, 도피 기간은 다윗이 하나님의 사람이 되기 위한 연단의 기간이었다.

---

78) Ibid., pp. 304-306.

12.
선지자들

이상 열거한 인물들 외에도 구속사의 말씀을 전하며 하나님의 뜻을 위해 종말적 고난을 받았던 선지자들이 많이 있다.

아모스의 아들 이사야 선지자는 애굽과 구스에 대한 예표가 되기 위해 3년간 벗은 몸과 벗은 발로 행하는 고난을 받았다(사 20:2-3).

예레미야 선지자는 이스라엘 백성의 파멸을 인하여 눈물이 시내처럼 흘러 그 눈에 흐르는 눈물이 쉬지 않는 고난을 받았다(애 3:48-49).

에스겔 선지자는 성경을 곡해하는 신학자들까지 정신이상자였다고 평가할 정도로, 이스라엘의 멸망을 알려주는 강력한 행동 예언을 해야 하는 고난을 받았다(겔 4:1-3, 12:1-20, 24:24, 27).

또한 다니엘은 총리들과 방백들이 고소할 틈을 얻기 위하여 30일 동안 누구든지 왕 외에 어느 신에게나 사람에게 무엇을 구하면 사자굴에 던져 넣기로 한 조서에 어인이 찍힌 것을 알고도 자기 집에 돌아가서는 그 방의 예루살렘으로 향하여 열린 창에서 전에 행하던 대로 하루 세 번씩 무릎을 꿇고 기도하며 그 하나님께 감사하였다. 그리고 이러한 행동이 발각되어 사자굴에 던짐을 당하는 고난을 받았다(단 6:4-18).

13.
예수님

예수님이 당하신 종말적 고난은 가히 세상에 존재하는 말로는 다 표현할 수 없을 것이다. 너무 작아서 누구나 무시하게 되고 보잘것없어 보였던 만나처럼, 예수님의 생애는 작고 세미한 만나같이 무시당하는 생애였다(사 53:2). 그분은 작은 베들레헴에서 태어나시고(미 5:2; 마 2:6), 그것도 강보에 싸인 채 짐승의 구유에서 태어나셨다(눅 2:7, 12, 16).

그분의 말씀은 사람들에게 무시를 당했다(요 1:46, 7:14-15, 52). 고향 땅 나사렛에서는 환영은커녕 배척을 받으셨다(마 13:53-58; 막 6:1-6; 눅 4:22-30; 요 4:43-44; 참고 요 6:41-42). 심지어 예수님의 형제들까지도 처음에는 예수님을 메시아로 믿지 않았다(요 7:5). 친척들도 예수님을 미쳤다고 하였다(막 3:21).

바리새인들은 바알세불을 힘입어 귀신을 쫓아낸다고 트집을 잡았다(마 9:34, 12:24-27; 막 3:22-26, 30; 눅 11:15, 17-19; 참고 요 7:20, 8:48-49, 52, 10:20). 실로 예수님의 전 생애는 십자가에서 당한 최절정의 고

통 이전에도 많은 인간들에게 수없이 업신여김을 당하고 무시당하며 슬픔과 설움을 한없이 겪으셨다.[79]

예수님은 겟세마네 동산에서 체포당하기 전에도 나사렛 이단으로 몰려 냉수 한 그릇도 얻어먹지 못하는 고난을 받으셨다(마 10:42). 누구 하나 환영하는 사람이 없어서 짐승들은 밤이 되면 성내의 우리로 다 들어오는데, 예수님은 성내에서 자지 못하고 오히려 밤이 되면 제자들과 함께 감람산에 가서(막 11:19) 바위를 베개 삼고 갈릴리 바다에서 불어오는 바람을 이불삼아 주무시다가 추우면 발을 오므렸다 폈다 해야 했고, 머리는 밤이슬에 젖었다.

겟세마네 동산에서 체포 당하신 후 예수님은 산헤드린 공회에서 사형 선고를 받는 순간, 사형수로 취급받았다. 인간 이하의 멸시와 천대, 큰 고통을 받으셨다. 처음 안나스에게 심문받을 때, 아랫사람 하나가 손으로 예수님을 쳤다(요 18:22). 예수님의 얼굴에 가래침을 뱉고 주먹으로 치고, 혹은 눈을 수건으로 가리고 얼굴을 손바닥으로 때리며 "그리스도야, 우리에게 선지자 노릇 하라. 너를 친 자가 누구냐"라고 조롱하였다(마 26:67-68; 막 14:65; 눅 22:63-65).

빌라도의 법정에서 사형 선고가 확정된 후에는, 몸서리쳐지는 채찍질을 당하셨다(마 27:26-30; 막 15:6-20; 눅 23:13-25; 요 18:39-19:16). 한 줄로 된 기다란 채찍이 아니라, 아홉 가닥의 가죽으로 된 채찍이었다. 각 가닥 끝에는 날카로운 쇠붙이나 짐승의 뼈를 깎아 만든 뾰족한 조각들이 달려 있어서, 채찍이 몸에 감길 때마다 살이 찢어

---

79) 박윤식, 《성막과 언약궤》(휘선, 2013), p. 387.

지고 살점이 떨어져나가는 채찍질이었다.

로마 군병들은 예수님 머리에 가시 면류관을 씌우고는 갈대를 가지고 예수님의 머리를 사정없이 쳤다(마 27:29-30; 막 15:17-19). 가시들이 머리 가죽을 뚫고 들어가 뼈를 찌르는 고통을 당하고 계시는데, 칼날 같은 갈대로 계속해서 머리를 쳤으니, 그 아픔은 말로 표현이 안 된다.

예수님의 얼굴은 퉁퉁 붓고 피범벅이 되고 말았다. 예수님은 십자가에 달리시기도 전에 채찍에 맞아 온몸이 피투성이였다.[80] 그렇게 된 예수님은 얼굴부터 발끝까지 형체를 알아보기 어려울 지경이었다(사 52:14). 예수님의 몸에는 매 맞은 자국마다 길게 '고랑'이 생겼다(시 129:3). 그들은 또 예수님의 수염을 뽑았다(사 50:6). 예수님의 성체를 땅바닥에 눕혀놓고 길인 양 사정없이 짓밟고 넘어갔다(사 51:23).

시편 기자는 예수님이 당하는 이런 수난을 미리 보고 "나는 벌레요 사람이 아니라 사람의 비방거리요 백성의 조롱거리니이다"라고 예언하였다(시 22:6). 또한 예수님의 살이 성한 곳이 하나도 없고, 맞은 상처마다 썩어 악취가 난다고 예언하였다(시 38:3, 5, 7).

군병들이 예수님의 옷을 강제로 벗기고 홍포(자색 옷)를 입히고, 가시 면류관을 씌우고, 갈대를 손에 들린 후 "유대인의 왕이여 평안할지어다"라고 희롱하였다(마 27:28-29; 막 15:17-18). 희롱을 다한 후 다시 홍포를 벗기고 그의 옷을 도로 입혀 십자가에 못 박으려고

---

80) Ibid., p. 396.

끌고 나갔다(마 27:31; 막 15:20). 십자가에 달리실 때 다시 그 옷을 벗긴 후, 그 겉옷은 네 깃으로 나눠 가지고, 속옷은 한 사람이 차지하였다(마 27:35; 막 15:24; 눅 23:34; 요 19:23-24; 참고-시 22:18).

죄를 알지도 못하신 예수님은 우리 죄인들에게 의의 옷을 입히기 위해서, 그 몸에 실오라기 하나 걸치지 않고 벌거벗긴 채로 모든 수치를 다 드러내셨다(롬 4:25, 5:9, 19; 고후 5:21; 벧전 2:24). 굵은 가시가 박힌 예수님의 머리에서 흘러나오는 선혈은 예수님의 눈 속에서 굳어갔으며, 예수님은 눈을 뜨실 수도 없었다. 양손 양발에 못이 박힐 때, 살점이 나무에 박히고 세포와 힘줄이 파열되어, 시시각각 밀려오는 고통은 한순간도 견디기 어려울 정도였다.[81]

십자가 상에서 흘러내린 붉은 피가 옷이 되고 말았다. 땅에 눕혔던 십자가를 일으켜 세울 때 못 박히신 성체가 앞뒤로 크게 흔들리며 처지고 찢기고 부딪히면서, 가시관 쓰신 머리와 못 박히신 손과 발의 고통은 도저히 헤아릴 수 없는 것이었다.

십자가에 달려 계신 동안에도 지나가는 사람들이 머리를 흔들며 모욕하고(마 27:39-40; 막 15:29-30), 대제사장들과 서기관들과 장로들은 하나가 되어 "지금 십자가에서 내려올지어다 그리하면 우리가 믿겠노라"고 하면서 함께 희롱하였다(마 27:41-43; 막 15:31-32상; 눅 23:35).

십자가에 못 박힌 강도도 욕하였고(마 27:44; 막 15:32하; 눅 23:39), 군병들도 희롱하였다(눅 23:36). 예수님이 큰 소리로 "엘리 엘리 라

---

81) 박윤식, 《십계명》(휘선, 2012), p. 504.

마 사박다니"라고 외치자, 거기 섰던 사람들이 "엘리야를 부른다"라고 하면서, "엘리야가 와서 구원하는지 지켜보자"라고 조롱하였다(마 27:46-49; 막 15:34-36).

십자가에 달리신 예수님은 당신의 체중 때문에 못 박힌 손목이 점점 더 찢어졌고, 머리에 가시관을 써서 흘린 피가 얼굴을 적시고, 온몸을 적시고, 십자가를 적시며 골고다 언덕을 적셨다. 6시간 동안 십자가에 매달려 있으면서, 근육이 찢어지고 신경이 찢어지면서 전해지는 고통은 말로 다할 수 없는 것이었다.

더구나 이미 예수님이 운명하셨음에도 한 군병이 창으로 옆구리를 찌르니 곧 피와 물이 나왔다(요 19:34). 우리의 죄 때문에 하나님의 아들이 그렇게 처참하게 맷돌에 갈리듯, 절구에 찧음을 당하듯, 가마에 삶음을 당하듯이 고통을 당하셨다.

이사야 53장 5-7절에서 "그가 찔림은 우리의 허물 때문이요 그가 상함은 우리의 죄악 때문이라 그가 징계를 받으므로 우리는 평화를 누리고 그가 채찍에 맞으므로 우리는 나음을 받았도다 우리는 다 양 같아서 그릇 행하여 각기 제 길로 갔거늘 여호와께서는 우리 모두의 죄악을 그에게 담당시키셨도다 그가 곤욕을 당하여 괴로울 때에도 그의 입을 열지 아니하였음이여 마치 도수장으로 끌려 가는 어린 양과 털 깎는 자 앞에서 잠잠한 양같이 그의 입을 열지 아니하였도다"라고 말하고 있다(벧전 2:22-25).

욥이 받았던 고난과 연계하여, 히브리서 11장에 나타난 순서대로 구약의 아벨부터 믿음의 선진들이 받았던 고난과 예수님이 받으셨던 고난을 살펴보았다. 예수님 이전까지 구약의 믿음의 선진들이 받았던 고난은 실로 예수님이 받으실 고난에 대한 예표였다고 할 수 있다.

사람에 따라 받은 고난이 서로 상이하고 정도의 차이는 있겠지만, 그 고난들은 모두 인류의 구세주로서 예수님이 받으실 고난을 미리 보여준 것이라 할 수 있다. 왜냐하면 요한복음 5장 39절의 말씀처럼, 구약성경 전체가 곧 예수님에 대하여 증거하고 있기 때문이다.

따라서 예수님이 받으셨던 고난은 구약의 믿음의 선진들이 받았던 고난들의 종합판이라고 할 수 있다. 실로 예수님이 받으셨던 고난에는 구약에 등장하는 믿음의 선진들이 받았던 고난의 모양들이 다 나타나고 있음을 볼 수 있기 때문이다.

이제 마지막으로 소개하고자 하는 믿음의 선진은, 비단 히브리서 11장에는 기록되어 있지 않지만, 신약시대의 대표적인 복음 전도자인 사도 바울이다. 사도 바울이 받은 고난은 예수님의 복음을 전 세계에 전파해야 할 미말의 성도들이 받을 고난이라고도 할 수 있을 것이다.

14.
사도 바울

사도 바울이 겪었던 종말적 고난은 고린도후서 11장 23-27절의 말씀이 잘 대변해 주고 있다.

"그들이 그리스도의 일꾼이냐 정신 없는 말을 하거니와 나는 더욱 그러하도다 내가 수고를 넘치도록 하고 옥에 갇히기도 더 많이 하고 매도 수없이 맞고 여러 번 죽을 뻔하였으니 유대인들에게 사십에서 하나 감한 매를 다섯 번 맞았으며 세 번 태장으로 맞고 한 번 돌로 맞고 세 번 파선하고 일 주야를 깊은 바다에서 지냈으며 여러 번 여행하면서 강의 위험과 강도의 위험과 동족의 위험과 이방인의 위험과 시내의 위험과 광야의 위험과 바다의 위험과 거짓 형제 중의 위험을 당하고 또 수고하며 애쓰고 여러 번 자지 못하고 주리며 목마르고 여러 번 굶고 춥고 헐벗었노라."

사도 바울은 자신의 죽음을 앞두고 디모데후서 4장 6-8절에서 "전제와 같이 내가 벌써 부어지고 나의 떠날 시각이 가까웠도다 나는 선한 싸움을 싸우고 나의 달려갈 길을 마치고 믿음을 지켰으니 이제 후로는 나를 위하여 의의 면류관이 예비되었으므로 주 곧 의로우신 재판장이 그날에 내게 주실 것이며 내게만 아니라 주의 나타나심을 사모하는 모든 자에게도니라"고 고백하였다.

이렇게 고백할 수 있는 확실한 믿음이 종말적 환난을 이길 수 있는 신앙인 것이다.

사도 바울은 "우리가 항상 예수의 죽음을 몸에 짊어짐은 예수의 생명이 또한 우리 몸에 나타나게 하려 함이라"고 말하였다(고후 4:10).

우리 산 자가 항상 예수를 위하여 죽음에 넘기움으로, 예수의 생명이 우리 죽을 육체에 나타나게 해야 한다(고후 4:11; 참고-마 16:24; 막 8:34; 눅 9:23; 행 14:22; 롬 8:36; 고전 15:31; 딤후 3:12).

믿음이 있는 성도는 환난의 맷돌과 절구통과 가마를 두려워하지 않는다. 그 이유는 예수님이 이미 환난을 당하시고 "세상을 이기었노라"고 선포하셨기 때문이다(요 16:33; 요일 5:4).[82]

구약의 아벨부터 예수님 그리고 신약의 사도 바울에 이르기까지 사람마다 차이는 있지만, 그 고난들은 보통 사람으로는 가히 감

---

82) 박윤식, 《성막과 언약궤》(휘선, 2013), pp. 396-399.

당하기 어려운 고난들이며, 한편은 종말을 살아가는 성도들에게 주어질 수 있는 종말적 고난이라고도 할 수 있다. 왜냐하면 역사는 반복되기 때문이고(전 3:15), 고린도전서 10장 11절에는 "그들에게 일어난 이런 일은 본보기가 되고 또한 말세를 만난 우리를 깨우치기 위하여 기록되었느니라"고 말하고 있기 때문이다.

그렇다면 각자에게 그러한 고난이 왔던 영적 의미는 무엇이었을까? 베드로전서 4장 1-2절은 "그리스도께서 이미 육체의 고난을 받으셨으니 너희도 같은 마음으로 갑옷을 삼으라 이는 육체의 고난을 받은 자는 죄를 그쳤음이니 그 후로는 다시 사람의 정욕을 따르지 않고 하나님의 뜻을 따라 육체의 남은 때를 살게 하려 함이라"고 말하고 있다.

우리가 고난을 받는 것은 결국 우리 육체의 소욕을 제어하고 하나님의 뜻대로 사는 데 그 목적이 있다는 것이다.

또한 베드로전서 4장 19절은 "그러므로 하나님의 뜻대로 고난을 받는 자들은 또한 선을 행하는 가운데에 그 영혼을 미쁘신 창조주께 의탁할지어다"라고 말씀하고 있다. 하나님의 뜻에 따라 고난을 받는 사람은 계속 선한 일을 하면서 그 영혼을 창조주 조물주 하나님께 맡겨야 한다는 것이다(현대인의 성경).

베드로전서 5장 10절은 "모든 은혜의 하나님 곧 그리스도 안에서 너희를 부르사 자기의 영원한 영광에 들어가게 하신 이가 잠깐 고난을 당한 너희를 친히 온전하게 하시며 굳건하게 하시며 강하게 하시며 터를 견고하게 하시리라"고 말하고 있다.

이상의 말씀을 종합해 볼 때 우리가 고난을 받는 것은 하나님의 종으로서 그 사명을 감당하는 데 따르는 고난도 있지만, 대부분의 고난은 결국 우리가 하나님의 뜻을 이루어드릴 수 있도록 우리를 완전하게 하고 굳세게 하고 강하게 하며 튼튼하게 세워주시기 위해서라는 것을 알 수 있다.

결국 욥은 자신이 너무나 의로운 삶을 산 나머지 마치 자신이 하나님보다 의롭다고 착각함으로 교만해진 죄까지 뽑아내서 정금 같은 믿음의 소유자가 되기 위한 종말적 고난을 받았다.

아벨은 의로운 자가 되기 위해서, 에녹은 사망을 극복함으로 하나님께서 인간을 창조하신 목적을 보여주는 자가 되기 위해서, 노아는 세상을 정죄하고 믿음을 좇는 의의 후사가 되기 위해서, 아브라함은 믿음의 조상이 되기 위해서, 사라는 열국의 어미가 되기 위해서, 이삭은 순종의 조상이 되기 위해서, 야곱은 행함의 조상이 되기 위해서 고난을 받았다.

요셉은 횃불 언약의 성취자가 되기 위해서, 모세는 이스라엘 선민을 구원하여 가나안 땅으로 인도하는 지도자가 되기 위해서, 라합은 '의롭다 하심'을 받고 예수 그리스도의 족보에 이름이 올라가는 최고의 축복을 받기 위해서, 다윗은 하나님의 마음에 합한 자가 되기 위해서, 선지자들은 하나님의 말씀을 전하기 위해서 고난을 받았다.

그리고 하나님의 독생자인 예수님은 타락한 인류를 구원하기 위한 구세주로서 종말적 고난을 받으셨다. 또한 사도 바울은 유대교에서 기독교로 개종한 후 이방인과 임금들과 이스라엘 자손들

앞에 복음을 전하는, 하나님이 택하신 그릇이 되기 위해서 종말적 고난을 받았다고 할 수 있다.

이상 구약의 믿음의 선진들부터 신약의 예수님 그리고 사도 바울이 받았던 각자의 고난의 의의를 살펴보았다. 하지만 창세기 3장 15절의 말씀을 이루기 위해 하나님이 예정하신 때에 인류의 구세주로 오셔서 받은 고난이 결코 다른 믿음의 선진들이 받았던 고난과 비교될 수는 없다.

물론 구약의 믿음의 선진들이 받았던 고난은 예수님이 인류의 구세주로 오셔서 받을 고난을 여러 부분과 모양으로 보여주고 있다(히 1:1). 하지만 그것은 단지 하나님의 구속사에서 그 사람에게 주어진 사역에서 예수님이 받으실 고난의 일부를 미리 보여준 것에 불과하다는 것을 알아야 한다.

예수님이 십자가를 지기까지의 모든 고난은 인류의 모든 죄를 대신 감당하는 대속주의 고난이요, 바로 나의 죄를 대신 감당하는 고난이었다는 것을 결코 간과해서는 안 된다. 아울러 예수님의 고난을 통하여 오히려 나의 죄성을 발견하고 자각하며 더욱 철저한 회개의 삶을 사는 기회로 삼아야 할 것이다.

이사야 53장 4-6절은 "그는 실로 우리의 질고를 지고 우리의 슬픔을 당하였거늘 우리는 생각하기를 그는 징벌을 받아 하나님께 맞으며 고난을 당한다 하였노라 그가 찔림은 우리의 허물 때문이요 그가 상함은 우리의 죄악 때문이라 그가 징계를 받으므로 우리는 평화를 누리고 그가 채찍에 맞으므로 우리는 나음을 받았도다 우리는 다 양 같아서 그릇 행하여 각기 제 길로 갔거늘 여호와께서는 우리 모두의 죄악을 그에게 담당시키셨도다"라고 말하고 있다.

또한 베드로전서 2장 24-25절은 "친히 나무에 달려 그 몸으로 우리 죄를 담당하셨으니 이는 우리로 죄에 대하여 죽고 의에 대하여 살게 하려 하심이라 그가 채찍에 맞음으로 너희는 나음을 얻었나니 너희가 전에는 양과 같이 길을 잃었더니 이제는 너희 영혼의 목자와 감독 되신 이에게 돌아왔느니라"고 말하고 있다.

우리 각자에게도 하나님의 뜻을 이루는 사람이 되기 위해서 받아야 하는 종말적인 고난이 있음을 간과해서는 안 된다. 우리가 고난을 받는 것은 결국 아직도 우리 속에 잔존하고 있는 옛 사람의 모습 때문이라 할 수 있다. 즉 우리가 하나님의 나라에서 온전한 안식을 누릴 수 있는 자격자가 되기 위해서는 먼저 나의 속에 아직 살아 있는 육적인 속성 즉 가나안 일곱 족속을 다 몰아내야 하기 때문이다.

마태복음 15장 19절은 그 일곱 족속을 "마음에서 나오는 것은 악한 생각, 살인, 간음, 음란, 도둑질, 거짓 증언, 그리고 비방이다"(현대인의 성경)라고 말하고 있다.

아울러 거룩한 시온산에 선 백성은 종말에 구원받은 자들의 총회, 곧 "장자들의 총회"이다(히 12:22-23, 개역한글). 요한계시록 14장 1절에서는 "또 내가 보니 보라 어린 양이 시온산에 섰고 그와 함께 십사만 사천이 서 있는데…"라고 말하고 있다.

예수님의 십자가 피로 구원받은 성도는 복음의 비밀을 맡은 장자들로서(롬 3:2; 엡 6:19), 일사각오의 순교 정신을 가지고, 종말적 고난을 두려워하지 말고, 만세 전에 구원받기로 작정된 자들에게 땅 끝까지 복음을 전해야 한다(행 1:8, 13:48).

디모데후서 4장 1-2절에서 "하나님 앞과 살아 있는 자와 죽은 자를 심판하실 그리스도 예수 앞에서 그가 나타나실 것과 그의 나라를 두고 엄히 명하노니 너는 말씀을 전파하라 때를 얻든지 못 얻든지 항상 힘쓰라 범사에 오래 참음과 가르침으로 경책하며 경계하며 권하라"고 명령하신 그대로, 생명의 복음을 목숨 다할 때까지 전하고 또 전해야 한다.

또한 시온산에 선 하나님의 장자들처럼, 하나님의 계명을 지키고 예수님을 향한 믿음을 지키며 믿음의 정절을 지켜서(히 12:22-23; 계 14:4, 1 2), 죄 많은 세상과 싸워 완전히 승리하는 그날까지, 오직 믿음으로 끝까지 인내해야 한다(계 13:10, 14:12).[83]

---

83) Ibid., pp. 533-534.

IV

욥이
인내할 수
있었던 이유와
고난을
극복한 결과

1.
욥이 인내할 수 있었던 이유

❧ 욥의 성품

욥의 성품은 욥기 1장 1절에서 알 수 있다. 즉 "우스 땅에 욥이라 불리는 사람이 있었는데 그 사람은 온전하고 정직하여 하나님을 경외하며 악에서 떠난 자더라"고 말하고 있다.

수많은 성경의 인물 가운데서도 그 믿음과 신앙이 단연 돋보이는 사람이 바로 '욥'이다. 그는 풀무불 같은 고난 속에서 순금 같은 신앙의 인물로 인정받은 자였다. 성경은 그의 성품에 대하여 "온전하고 정직하여 하나님을 경외하며 악에서 떠난 자"라고 말하고 있다.

순전하다는 것은 외식이 아닌 마음 중심에 진실성을 가진 것을 말한다. 누가 뭐라고 해도 하나님 중심의 신앙으로 살아가는 자를 말한다. 다음으로 정직하다는 것은 마음이 곧고 바른 것을 뜻한다. 성경은 "정직한 자의 성실은 자기를 인도하거니와 사악한 자의 패역은 자기를 망하게 하느니라"(잠 11:3)고 말하고 있다.

끝으로 욥은 하나님을 경외하며 악에서 떠났다고 하였다. 잠언 기자는 잠언 16장 6절에서 "여호와를 경외함으로 말미암아 악에서 떠나게 되느니라"고 말하고 있다. 욥 또한 "주를 경외함이 지혜요 악을 떠남이 명철이니라"(욥 28:28)고 하였다.

욥은 "동방 사람 중에 가장 훌륭한 자"(욥 1:3)라고 하였다. 하나님을 믿는 것도 남에게 뒤지지 않을 만큼 큰 자였고, 교회생활, 예배드리는 것, 자식을 양육하는 것 등 모든 것에서 누구보다 뛰어난 '큰 자'였다. 뿐만 아니라 재산을 보아도 큰 자라 할 만큼 엄청난 부자였으며, 사람들의 존경을 받는 훌륭한 인물이었다. 양이 7천 마리, 약대가 3천 마리, 소 500겨리, 암나귀 500마리에다가 종도 많았다고 하였다(욥 1:3).

욥은 그 성품대로, 말할 수 없는 극심한 환난 가운데서도 순전과 정직, 경외를 버리지 않고 끝까지 지킴으로 환난을 통과하고 마침내 '큰 자'가 되어 재물과 온전한 신앙의 축복을 받게 되었다.

❧ 순금 같은 욥의 믿음

욥의 믿음은 그의 고백에서 살펴볼 수 있다. 즉 "내가 가는 길을 그가 아시나니 그가 나를 단련하신 후에는 내가 순금같이 되어 나오리라"(욥 23:10)고 고백하였다.

엄청난 재산의 손실과 자녀의 죽음에 대한 거듭되는 보고 앞에 요동하지 않을 사람은 없을 것이다. 그러나 욥은 거듭되는 종들의 엄청난 보고 내용에도 흔들리지 않았다. 심지어 자식들마저 다 죽고 "나만 홀로 피하였으므로 주인께 아뢰러 왔나이다"(욥 1:19)라는 보고를 받고도 땅에 엎드려 여호와께 경배하고 찬송을 드렸다. 욥이 이처럼 극심한 위기상황 가운데서도 승리할 수 있었던 비결은 무엇이었을까?

첫째, 이 모든 환난을 하나님의 다스림과 계획 속에서 이루어지는 섭리로 깨달았기 때문이다. 그러한 사건들이 우연이나 심판의 재앙이 아니라 하나님께서 뭔가 계획을 가지고 진행하시는 일임을 욥이 깨달았다는 것이다. 그것이 축복의 모양이든, 고난의 모습이든 하나님의 섭리와 계획 속에서 나오는 것은 무조건 선하고 인자하다는 것을 믿은 것이다.

둘째, 욥의 성결한 삶 때문이다. 욥은 날마다 예배로써 자녀들을 양육하였다. 평상시에 경건한 생활로 인해 은혜가 충만했기에 "그는 나의 걸음을 낱낱이 아시나니 털고 또 털어도 나는 순금처럼 깨끗하리라"(욥 23:10, 공동번역)고 고백할 수 있었다. 털어서 먼지 안 나는 사람이 없다고 하였으나 욥은 "나의 증인이 하늘에 계시고 나의 중보자가 높은 데 계시니라"(욥 16:19)고 말할 정도로 깨끗하였기에 고난 가운데서도 의연할 수 있었다.

셋째, 욥이 환난 가운데서 주님의 임재를 바라보았기 때문이다. "내가 알기에는 나의 대속자가 살아 계시니 마침내 그가 땅 위에 서실 것이라"(욥 19:25)는 말씀을 볼 때, 욥은 마지막 때 주께서 이 땅에 오실 것을 보았다. 즉 주님의 재림을 본 것이다.

하나님 안에서 새로워진 믿음으로 충만한 욥은 "나의 구속자가 살아 계신다"라고 주장하였다. 그 자신의 다가오는 죽음에도 불구하고 욥은 하나님 곧 그의 구속자가 결국은 그를 변호하실 것이라 믿었다. 그가 죽은 후에 하나님이 땅 위에 서서 이 일에 그가 옳다는 것을 보여주실 것이라는 말이다. 마음 가운데 있는 깊은 절망에도 불구하고, 이 말은 하나님 안에서 욥이 가진 강한 믿음의 진술이다.

욥은 자신의 현재의 삶을 다른 사람들이 어떻게 보든지, 하나님이 마지막에 말씀하시며 결국 그를 변호하실 것이라고 믿었다.[84] 즉 욥은 예수님만 오시면 모든 구속이 끝나고 은혜와 진리가 충만한 에덴동산이 이루어질 것을 믿는 가운데 잠깐 있는 현재의 고난을 기꺼이 이길 수 있었다.

넷째, 욥은 오직 하나님만을 바라보며 믿었기 때문이다. 욥이 살던 시대에는 피조물인 태양, 달, 별들을 섬기는 우상 숭배가 만연해 있었다. 당시 사람들은 해와 달을 보며 자신의 손에 입을 맞추는 행위로, 그것들에 대한 숭배를 표현했다(참고-왕상 19:18; 사 52:15; 호 13:2).

그러나 욥은 빛나는 태양이나 밤하늘의 명랑한 달을 보고 그 마음을 빼앗겨 손에 입을 맞춘 적이 없었다고 고백하였다. 일월성신을 보고 자신도 모르게 마음이 미혹되어 우상 숭배하는 죄를 범한 적이 없다고 하였다(욥 31:26-28). 이처럼 욥은 환난 가운데서도 오

---

[84] Steven J. Lawson, *Holman Old Testament Commentary: Job* (B&H Publishing Group, 2004), p. 171.

직 하나님만을 바라보며 인내하여 고난을 이길 수 있었다.[85] 즉 욥이 고난을 이길 수 있었던 것은 오직 하나님만을 바라보며 믿었던 순금 같은 믿음이 있었기 때문이다.

∞ 욥의 인내

욥이 인내할 수 있었던 것은 그의 고백에서 살펴볼 수 있다. 욥은 "사람이 무엇이기에 주께서 그를 크게 만드사 그에게 마음을 두시고 아침마다 권징하시며 순간마다 단련하시나이까 주께서 내게서 눈을 돌이키지 아니하시며 내가 침을 삼킬 동안도 나를 놓지 아니하시기를 어느 때까지 하시리이까"(욥 7:17-19)라고 고백하였다.

욥은 성경의 인물 가운데 가장 큰 고통을 겪은 사람이다. 한꺼번에 모든 자녀와 재산을 잃고, 육신의 건강과 친구와 아내마저 잃은 사람이다. 하지만 욥의 위대함은 그 고통 가운데서도 하나님의 사랑을 느꼈고 그 사랑의 힘으로 끝까지 인내하고 다시 일어선 것이다. 이처럼 욥이 인내하고 재기할 수 있었던 비결은 무엇이었을까?

첫째, 하나님께서 자신을 크게 여기신다는 것을 깨달았기 때문이다. 욥기 7장 17절을 보면 "사람이 무엇이기에 주께서 그를 크게 만드사"라고 말하고 있다. 생명이 끊어지는 고통 속에서도 욥은 '크신 하나님'을 발견했다. 그리고 크신 하나님께서 자신을 크게 여기신다는 은혜를 깨달은 것이다.

---

85) 박윤식,《햇불 언약의 성취》(휘선, 2013), p. 133.

또한 아브라함에게도 하나님께서는 크게 여기는 축복을 주셨다. 아브라함에게 "내가 너로 큰 민족을 이루고 네게 복을 주어 네 이름을 창대하게 하리니"(창 12:2)라고 말씀하셨다. 하나님께서 자신을 크게 여기신다는 것을 알았기 때문에 아브라함은 모든 것을 버리고 하나님의 말씀만을 붙잡고 행진할 수 있었다.

둘째, 하나님께서 자신을 마음에 두고 계심을 깨달았기 때문이다. 욥기 7장 17-18절에 "그에게 마음을 두시고 아침마다 권징하시며"라고 말하고 있다. 욥을 향한 하나님의 뜨거운 사랑이다. 친구와 아내마저 나를 버렸지만 하나님은 나를 버리지 않으셨다는 것을 깨달은 것이다.

시편 27편 10절은 "내 부모는 나를 버릴지 몰라도 여호와는 나를 맞아 주실 것입니다"(현대인의 성경)라고 말하고 있다. 이사야 49장 15절에서는 "어머니가 어찌 제 젖먹이를 잊겠으며, 제 태에서 낳은 아들을 어찌 긍휼히 여기지 않겠느냐! 비록 어머니가 자식을 잊는다 하여도, 나는 절대로 너를 잊지 않겠다"(표준새번역)라고 말하고 있다.

하나님의 마음속에 내가 담겨 있다는 것을 깨달았을 때 욥은 한없이 큰 위로를 받고 새 힘을 얻었다. 그것이 환난 가운데 인내하여 승리하게 된 비결이다.

크신 하나님의 은총을 깨달은 욥은 결국 '큰 사람'이 되었다. 자신의 잘못을 끝까지 인정하지 않고 친구들과 논쟁하던 욥이 이제는 그들을 위해 기도해주는 넓은 아량의 사람으로 변한 것이다(욥 42:10). 하나님의 크신 사랑에 대한 체험과 확신이 욥을 이처럼 성장시켰다.

욥의 인내는 결말을 보는 인내였다. 욥은 끝까지 인내함으로 두 배의 복을 받았다. 욥기 42장 10절에서 "욥이 그의 친구들을 위하여 기도할 때 여호와께서 욥의 곤경을 돌이키시고 여호와께서 욥에게 이전 모든 소유보다 갑절이나 주신지라"고 말하고 있으며, 욥기 42장 12절에서 "여호와께서 욥의 말년에 욥에게 처음보다 더 복을 주시니 그가 양 만 사천과 낙타 육천과 소 천 겨리와 암나귀 천을 두었고"라고 말하고 있다.

그래서 야고보서 5장 11절에서는 "보라 인내하는 자를 우리가 복되다 하나니 너희가 욥의 인내를 들었고 주께서 주신 결말을 보았거니와 주는 가장 자비하시고 긍휼히 여기시는 이시니라"고 말하였다. 이러한 욥의 인내를 배울 때 우리의 믿음도 크게 성장할 것이다.

❧ 사탄을 이기는 욥의 신앙

욥의 신앙은 그가 한 말에서 살펴볼 수 있다. 욥은 "내가 모태에서 알몸으로 나왔사온즉 또한 알몸이 그리로 돌아가올지라 주신 이도 여호와시요 거두신 이도 여호와시오니 여호와의 이름이 찬송을 받으실지니이다"(욥 1:21)라고 하였다.

욥은 말할 수 없이 어렵고 극심한 환난 가운데서도 순전과 정직, 경외의 신앙을 버리지 않고 끝까지 지킴으로 사탄을 이기는 위대한 승리를 체험하였다. 자신에게 찾아온 사탄을 태연한 자세로 바라보며 맞서 싸워 승리한 욥의 신앙은 과연 어떠한 것일까?

첫째, 욥의 신앙은 아무것도 바라지 않는 순전한 '적신(알몸) 신앙'이다. 욥에 대한 사탄의 참소는 "까닭없이 하나님을 경외하리이까?"(욥 1:9)라는 내용이었다. 즉 하나님께 보상을 받기 때문에 믿는 것이므로, 그것을 제거하면 불신하게 된다는 것이 사탄의 주장이었다.

그러나 욥은 '적신 신앙'으로 맞서 사탄의 공격을 물리쳤다. "나는 하나님 앞에 무보수요 빈털터리입니다"라는 자세가 바로 적신 신앙이다. 빈 몸으로 왔기에 나의 것이 없다는 빈 마음, 심지어 하나님이 나를 죽이신다 해도 하나님을 믿겠다는 믿음(욥 13:15)이 바로 사탄을 이기는 적신 신앙의 핵심이다.

둘째, 욥의 신앙은 절망의 상태에서도 감사와 찬송의 횃불을 밝힌 신앙이다. 욥의 삶은 한마디로 "의인이 당하는 고난 중에 역사하시는 하나님의 섭리의 신비"라고 표현할 수 있다. 그러므로 죽음의 골짜기에서도 과거에 은혜 받은 것을 기억하고 감사와 찬송으로 예배드릴 수 있었다.

셋째, 욥의 신앙은 모든 탐욕을 버린 신앙이다. 욥의 마음 가운데는 탐욕이 자리 잡을 곳이 없었을 뿐 아니라, 그는 "탐욕을 미워하는 자"(잠 28:16)였다. 환난을 당하고 있으면서도 적신에서 왔으므로 자기는 하나도 손해 본 것이 없다고 믿었다. 하나님께 받은 사랑에 의지하여 저울에 달아볼 때 환난은 내려가고 과거에 은혜 받은 것이 올라간다. 이처럼 철저한 믿음과 감사의 신앙에 사탄도 양손 양발을 다 들고 물러갈 수밖에 없었다.

❀ 욥이 고난을 극복하고 인내로 승리할 수 있었던 비결

하루 이틀, 한 달 두 달도 아니고 일 년 이 년도 아닌 무려 30년이라는 기간 동안에 그토록 견디기 힘든 고난을 받으면서도 끝까지 하나님 앞에 입술로 죄를 짓지 않았던 욥의 인내와 승리의 비결은 무엇이었을까? 그것은 바로 욥이 하나님의 말씀을 붙잡고 신실하신 하나님을 끝까지 믿고 의지했다는 것이다. 우리는 그것을 다음의 두 말씀에서 확인할 수 있다.

첫째, 욥기 6장 10절은 "그러할지라도 내가 오히려 위로를 받고 그칠 줄 모르는 고통 가운데서도 기뻐하는 것은 내가 거룩하신 이의 말씀을 거역하지 아니하였음이라"고 말하고 있다. "거룩하신 이의 말씀을 거역하지 아니하였음이라"는 말에서 볼 수 있는 것은, 고통 중에서도 욥이 기뻐하는 근거가 있는데, 그것은 하나님의 계명을 순종하고 어기지 않았다는 것이다. 이것은 그의 깊은 믿음을 보여준다.[86] 시편 119편 56절은 "주님의 법도를 따라서 사는 삶에서 내 행복을 찾습니다"(표준새번역)라고 말하고 있다.

둘째, 욥기 23장 12절은 "내가 그의 입술의 명령을 어기지 아니하고 일정한 음식보다 그 입의 말씀을 귀히 여겼구나"(개역한글)라고 말하고 있다. 욥은 하나님의 명령에 대한 개인적인 순종을 주장하였다. 즉 "나는 그의 입술의 명령을 어기지 않았다"고 선언하였다.

---

86) 《뉴톰슨 관주 주석성경》(서울: 성서교재간행사, 1985), p. 766.

욥은 자신이 하나님의 말씀에 참되게 남아 있었다고 느꼈다. 더욱이 그는 하나님의 입에서 나오는 말씀을 일용할 음식보다 귀하게 여겼다. 하나님의 말씀은 그에게 일정한 양식보다 더욱 중요한 자양분이었다. 욥은 자신의 속사람을 강하게 하고 만족하게 하는 유일한 양식을 하나님의 말씀에서 찾았다.[87]

이렇게 끝까지 하나님의 말씀만을 붙잡고 굳건한 믿음으로 인내하여 승리할 수 있는 자만 있다면 하나님의 뜻은 이 땅에서 능히 이루어질 수 있을 것이다.

❀ 욥의 고난 극복이 주는 교훈[88]

아직도 육신에 거하는 성도는 언제라도 고난을 받을 수밖에 없는 연약한 존재들이다. 하지만 슬기로운 성도라면 고난이 닥쳐올 때를 대비하여 평소에 준비하며 대비할 줄 알아야 한다. 마치 슬기 있는 다섯 처녀가 평소에 기름을 더 준비한 경우와 같다 할 수 있다(마 25:1-13).

욥은 성경에서 고난의 대명사라 할 수 있다. 욥은 자그마치 30년 동안 고난을 준비된 자세로 극복하여 고난 전보다 물질은 물론 수명까지도 갑절의 축복을 받아 누린 자이다. 우리는 욥의 고난 극복이 주는 교훈을 되새길 필요가 있다. 그렇다면 욥이 어떻게 하

---

87) Steven J. Lawson, *Holman Old Testament Commentary: Job* (B&H Publishing Group, 2004), p. 203.
88) 박윤식 목사, "환난을 이기는 비결은 범사에 감사생활과 하나님의 은혜" (2014. 3. 9 주일 2부 예배).

여 고난을 극복하고 승리할 수 있었을까 하는 것이다.

욥은 '적신(赤身, 알몸) 신앙'을 통하여 고난의 참된 의미와 준비된 신앙생활의 중요성을 일깨워주고 있다. 수많은 양과 약대 등 전 재산뿐 아니라 10남매를 하루아침에 잃고 건강까지 상하는 중복되는 환난에도 욥은 그동안 범사에 베풀어주신 하나님의 은혜를 되새기며 끝까지 인내하여 승리했다. 그래서 야고보 기자는 "욥의 인내"(약 5:11)를 성도들에게 권면하고 있다. 그렇다면 욥의 고난 극복이 주는 교훈은 무엇인가?

첫째, 욥의 환난을 대비하였던 자세이다. 욥의 환난은 보통 사람의 것과는 차원이 다르다. 이중 삼중으로 중복되는 환난이 파도처럼 밀려왔다. 욥은 거듭되는 비보(悲報)에도 당황하거나 하나님을 원망하지 않았다. 이는 평소에 그만큼 준비와 훈련이 되어 있었기 때문이다.

욥기 1장 1-5절 말씀을 볼 때 욥은 '순전하고 정직'하였을 뿐 아니라 '하나님을 경외하며 악에서 떠난 자'였다. 잔칫날이 지나면 자녀들을 불러다가 성결케 하되 아침에 일어나서 그들의 명수대로 번제를 드렸다. 이는 자녀들이 혹 "마음으로 하나님을 배반하였을까"라며 염려하였기 때문이다.

이처럼 욥은 평상시에 늘 말씀과 기도로 준비하고 하나님 앞에 바르게 살고자 하는 마음가짐으로 자신의 삶을 신앙으로 철저하게 준비했던 사람이다. 공부도 평상시에 철저하게 한 사람이 시험을 치를 때 당황하지 않고 잘 치를 수 있듯이, 성도에게 임하는 환난도 평소에 신앙으로 잘 준비한 사람은 넉넉히 통과할 수 있는 것이다.

성경은 "욥의 행사가 항상 이러하였더라"고 증거하고 있다. 홍수가 나서 멸망할 때까지도 깨닫지 못했던 사람들에 비하여 노아는 미리 준비하고 깨어 있어서 방주를 건축하고 홍수 심판을 견딜 수 있었듯이(마 24:39), 욥은 평상시에 "환난아, 오겠으면 오라!" 하는 자세로 미리 준비한 사람이다.

평상시에 성경을 부지런히 읽고 기도생활을 하며, 예배생활과 헌신 봉사에 전념하는 것이 환난과 핍박 중에도 승리할 수 있는 비결이며, 고난 중에도 평강이 강같이 흐르는 축복의 원동력이 되는 것이다(사 48:18, 66:12).

둘째, 욥이 환난을 만났을 때의 자세이다. 아무리 준비가 철저한 사람이라도 막상 어떤 어려움이 닥치게 되면 당황하거나 실수하기 마련이다. 그러나 욥은 철저하게 준비했을 뿐 아니라 환난이 닥쳐와도 전혀 요동함이 없이 "정녕 그날이 있다더니 올 것이 왔구나!" 하며 이겨냈다.

욥처럼 평소에 철저하게 준비한 사람은 환난이 닥쳤을 때 "하나님, 이 말씀을 내가 평상시에 가지고 있었는데 오늘 드디어 이루어집니다. 알았습니다. 하나님, 찬송을 받으시고 이 시간에 저는 비록 나약하지만 저의 기도를 들으시고 이 환난이 오래가지 않고 짧게 끝날 수 있도록 역사하여 주시옵소서!"라고 기도하며 이겨낼 수 있는 것이다.

욥이 준비한 신앙은 '적신 신앙'이었다. 욥은 "내가 모태에서 적신(알몸)이 나왔사온즉 또한 적신이 그리로 돌아가올지라 주신 자도 여호와시요 취하신 자도 여호와시오니 여호와의 이름이 찬송을 받으실지니이다"(욥 1:21, 개역한글)라고 고백하며 환난에 맞섰다. 평상시에 적신 신앙으로 준비했기에 환난이 닥쳤을 때는 오히려 준비한 말씀을 확인하고 체험할 수 있었던 것이다. 그러한 욥은 환난을 통하여 더욱 하나님을 확신하고 믿음의 성장을 경험하게 된 것이다.

셋째, 욥이 환난을 극복하는 자세이다. 욥은 환난이 닥쳤을 때 적신 신앙으로 일어섰다. 환난을 맞이한 욥은 오히려 "일어나" 겉옷을 찢고 머리털을 밀고 땅에 엎드려 경배했다(욥 1:20). 대부분의 사람들은 환난과 고난 앞에 주저앉게 되지만 욥은 오히려 일어섰다. 환난을 통해 그동안 잊어버렸던 말씀을 깨닫고 찾아서 하나님께로 돌아온 것이다(호 14:2). 이처럼 환난을 맞아 '일어설 때' 하나님께서 불러 주신다. "여자야, 네 믿음이 크도다 네 소원대로 되리라"(마 15:28)고 말씀하신 것처럼 응답해 주신다.

욥과 같은 적신 신앙이 아니면 하나님을 온전히 믿을 수 없다. 그러므로 인생의 참된 가치는 '적신 신앙'이다. 이것이 없으면 사람은 늘 불평과 불만에 휩싸이게 된다. 이는 환난에서 패배하는 지름길이다. 욥은 평소 준비한 신앙대로 환난을 만나 적신 신앙으로 일어섰다. 그 결과 환난을 통해 인간 본연의 상태로 돌아가게 되었다. 이는 곧 인간은 적신 상태에 도달할 때 환난에서 승리하는 순간임을 깨우쳐 준다.

세상 것을 다 가져도 나와 하나님 사이에는 항상 적신 상태이다. 욥은 그러한 상태를 유지했다. 수많은 재산의 소유자였지만 하나님과는 적신의 상태로 만났다. 그 결과 범사에 만족과 감사의 삶을 살았다. 하나님은 또한 그러한 성도에게 우주만물의 축복을 주신다. 욥은 환난을 통해 그와 같은 은혜를 체험하고 나서 "내가 주께 대하여 귀로 듣기만 하였사오나 이제는 눈으로 주를 뵈옵나이다"(욥 42:5)라고 고백하였다. 나아가 "내가 육체 밖에서 하나님을 보리라"(욥 19:26)고 함으로써 육체의 모든 욕심을 벗어났을 뿐 아니라 주의 재림을 소망하는 위대한 신앙의 길을 우리에게 활짝 열어 보여주었다.

우리에게 닥칠 무수하게 많은 환난이 있지만, 적신 신앙을 가진 사람은 당황하거나 두려워하지 않는다. 오히려 "환난아, 오너라!"고 호령한다. 막상 환난이 왔을 때에도 "올 것이 왔구나!" 하며 적신 신앙으로 물리친다. 그리고 그 고난의 과정을 통해 인생의 참된 본연을 깨닫게 된다.

환난은 우리에게 유익을 가져다주고 참된 믿음과 소망뿐 아니라 진리를 찾게 해준다(시 119:67, 71, 75). 또한 환난은 적신 상태로 하나님을 만나게 한다. 그러므로 우리가 지은 죄보다 환난이 훨씬 가볍다는 것을 깨닫는 가운데, 오히려 감사하는 마음으로 환난을 받아 믿음으로 전환시키는 적신 신앙의 소유자가 되는 것이다.

2.
욥이 고난을 극복한 결과

욥이 그 모진 고난을 극복한 결과 하루아침에 잃었던 열 명의 자녀 대신 아들 일곱과 딸 셋을 다시 낳았으며(욥 42:13), 재산뿐만 아니라 생명도 갑절의 축복을 받아 누렸다(욥 42:10, 16).

재산의 축복은 욥이 고난을 받기 전의 재산과 고난이 끝난 후의 재산을 비교해 보면 알 수 있다. 욥기 1장 3절과 42장 12절을 비교해 보면 양이 칠천에서 일만 사천이 되었고, 약대가 삼천에서 육천이 되었고, 소가 오백 겨리에서 일천 겨리가 되었으며 암나귀가 오백에서 일천이 되었다.

또한 그의 수명도 고난 전의 70세에 비교하여 고난이 끝난 후 140년을 더 삶으로 갑절을 더 살면서 하나님이 주신 갑절의 복을 받아 누렸음을 알 수 있다. 고난을 극복한 결과는 갑절의 축복이다.

나가는 말

 욥은 형언할 수 없는 극심한 고통과 역경, 절망 가운데서도 신앙의 인격과 연단을 쌓아 하나님의 축복을 배나 더 받았다(욥 42:12, 13, 16). 우리는 욥이 무려 30년 동안이나 고난을 받아야 했던 이유를 살펴보았다. 욥이 고난을 받았던 사건에서 배울 수 있는 교훈은, 사람은 결코 하나님보다 의로울 수 없다는 것이며, 늘 하나님 앞에서 겸손한 것만이 사는 길이라는 것이다.

 왜냐하면 하나님은 교만한 자를 대적하시며(벧전 5:5), 교만하면 패망하기 때문이다(잠 16:18).

 믿는 사람들이 하나님의 일을 열심히 하다 보면 마치 자기 혼자 일을 다 하는 것처럼 착각하며 교만해지는 경우가 있다. 그래서 선 줄로 생각하는 자는 넘어질까 조심하라고 했다(고전 10:12). 사도 바울은 자기 몸을 늘 쳐서 복종하게 하는 것은 남에게 복음을 전파한 후에 도리어 자신이 교만해져서 버림이 될까 두려워하기 때문이라고 했다(고전 9:27). 우리는 하나님의 일을 하면서 늘 자신을 돌아보아야 한다.

 예수님은 제자들에게 다음과 같이 말씀하셨음을 늘 기억해야 한다. 즉 "너희 중 어떤 사람에게 밭갈이나 양치는 일을 맡은 종이 있다고 하자. 그가 밭에서 돌아오면 '어서 이리 와서 앉아 먹어라' 할 주인이 있겠느냐? 오히려 그에게 '너는 내 저녁부터 준비하고 내가 먹고 마시는 동안 시중들다가 내 식사가 끝난 다음에 네가 먹고 마셔라' 하지 않겠느냐? 시키는 대로 했다고 해서 주인이 그 종에게 고맙다고 하겠느냐? 이와 같이 너희도 명령받은 것을 다 수행하고 나서 '우리는 아무 쓸모없는 종입니다. 그저 해야 할 일을 했을 뿐입니다' 하고 말하라"(눅 17:7-10 현대인의 성경)라고 말씀하셨다.

하나님의 나라를 사모하는 성도로서 구원의 완성을 이루기까지 우리에게 필요한 것은 전능하신 하나님을 의지하면서, 하나님의 시간을 기다리며, 고난을 이기며, 끝까지 견디는 인내이다(마 10:22, 24:13).[89]

하나님의 영원한 언약의 약속을 간직하며 사는 성도는 '인내'하는 성도이다. 성도는 어떠한 핍박과 환난과 어려움 속에서도 하나님의 영원하신 약속이 주의 재림으로 완전히 이루어질 때까지 참고 견디는 인내가 필요하다.

히브리서 10장 36절에서 "너희에게 인내가 필요함은 너희가 하나님의 뜻을 행한 후에 약속하신 것을 받기 위함이라"고 말하고 있으며, 히브리서 6장 15절에서도 "그가 이같이 오래 참아 약속을 받았느니라"고 말하고 있다(히 6:12, 참고 마 24:13). 영원하신 하나님의

---

89) 박윤식, 《잊어버렸던 만남》(휘선, 2008), p. 413.

약속을 이루려고 행하시는 하나님의 구속사적 경륜과 섭리는 그 어떤 악한 세력의 방해에도 불구하고 결코 중단되지 않고 날마다 전진하여, 마침내 하나님께서 약속하신 그대로 이루어질 것이다(욥 23:13-14; 사 46:10; 합 2:3). 하나님께서 약속하신 모든 영원한 약속들이 이루어지는 그날까지, 끝까지 참고 견디며 인내로 승리하는 자가 되어야 한다.[90]

이 땅에 사는 성도 역시 하나님 나라에 들어가기 위해 성도의 권세가 다 깨어지기까지 많은 환난을 당하게 되지만(단 12:7; 행 14:22), 끝까지 견디고 믿음으로 인내할 때 큰 축복을 받게 될 것이다(마 5:10-12, 24:13; 막 13:13; 눅 22:28-30; 히 10:32-36; 계 14:12).[91]

---

90) 박윤식,《영원한 언약의 약속》(휘선, 2010), pp. 415-416.
91) 박윤식,《성막과 언약궤》(휘선, 2013), p. 393.

참고문헌

국내서적

강신택, 《강신택 박사의 히브리어 한글 대역 구약성경》(서울: 도서출판 언약), 2013.

개역성경전서: 아가페 큰글 성경전서(서울: 아가페출판사), 2006.

뉴톰슨 관주 주석성경(서울: 성서교재간행사), 1985.

박윤식, 《창세기의 족보》(서울: 도서출판 휘선, 3판 7쇄), 2011.

_____, 《잊어버렸던 만남》(서울: 도서출판 휘선), 2008.

_____, 《언약의 등불》(서울: 도서출판 휘선), 2009.

_____, 《영원한 언약의 약속》(서울: 도서출판 휘선), 2010.

_____, 《영원한 만대의 언약 십계명》(서울: 도서출판 휘선), 2012.

_____, 《횃불언약의 성취》(서울: 도서출판 휘선), 2013.

_____, 《성막과 언약궤》(서울: 도서출판 휘선), 2013.

번역 및 외국서적

Anderson, Francis I. *Tyndale Old Testament Commentaries Volume 14. Job.* Dowers Grove, Illinois: InterVarsity Press, 2008.

BibleWorks - Version 6.0.

Chase, Steven, *Belief A Theological Commentary on the Bible: Job.*

Louisville, Kentucky: Westminster John Knox Press, 2013

Clines, David J.A. *Job 1-20. Word Biblical Commentary Volume 17.* Nashville Tennessee: Thomas Nelson, 1989.

_____. *Job 12-37. Word Biblical Commentary Volume 18A.* Nashville Tennessee: Thomas Nelson, 2006.

_____. *Job 38-42. Word Biblical Commentary Volume 18B.* Nashville Tennessee: Thomas Nelson, 2011.

Dillard, Raymond B., Longman Ⅲ, Tremper. *An Introduction to the Old Testament.* Grand Rapids, Michigan: Zondervan, 1994.

_____. *Engaging God's Word: Job.* Colorado Springs, Colorado: Community Bible Study, 2012.

Estes, Daniel J. *Job.* Grand Rapids, Michigan: Baker Books of Baker Publishing Group, 2013.

Jackson, David R. *Crying For Vindication: Job.* Phillipsburg, New Jersey: P&R Publishing Company, 2007.

Jung, C.G. *Answer to Job.* Princeton, New Jersey: Princeton University Press, 2002.

Lawson, Steven J. *Holman Old Testament Commentary: Job.* Nashville, Tennessee: B&H Publishing Group, 2004.

MacArthur, John. *The MacArthur Study Bible.* New King James Version.

Nashville, Tennessee: Word Publishing Group, 1997.

Mounce, Willam D. *Basics of Biblical Greek Grammar.* Grand Rapids, Michigan: Zondervan, 2003.

O' Connor, Kathleen M. *New Collegeville Bible Commentary Volume 19 Old Testament: Job.* Collegeville, Minnesota: Liturgical Press, 2012.

Pratico, Gary D., Van Pelt, Miles V. *Basics of Biblical Hebrew Grammar.* Grand Rapids, Michigan: Zondervan, 2001.

Schifferdecker, Kathryn. *Out of the Whirlwind: Creation Theology in the Book of Job.* Cambridge, Massachusetts: Harvard Theological Studies, 2008.

Sumpter, Toby J. *A Son for Glory: Job Through New Eyes.* Monroe, Louisiana: Athanasius Press, 2012.

Talbert, Layton. *Beyond suffering: discovering the message of Job.* Greenville, South Carolina: Bob Jones University Press, 2007.

The NIV Study Bible. Grand Rapids, Michigan: Zondervan, 1985.

Walton, John H. *The NIV Application Commentary: Job.* Grand Rapids, Michigan: Zondervan, 2012.

Wenham, G.J., Motyer, J.A., Carson, D.A. and France, R.T. *New Bible Commentary 21st Century Edition.* Dowers Grove, Illinois: Inter

Varsity Press, 2001.

Wiersbe, Warren W. *Be Patient: Job*. Colorado Springs, Colorado: David C Cook, 2009.

인터넷 자료

http://blog.daum.net/bkt6707/12387289.

http://www.medcity.com/jilbyung/kuchi.html.

Ko.wikipedia.org/wiki/불면증.

xportsnews.hankyung.com/?ac=article_view&entry_id=172182: 만병의 근원 스트레스…치아와 잇몸도 예외는 아니다.

구속사적 관점에서 본 욥의 고난

1판 1쇄 인쇄 _ 2019년 8월 1일
1판 1쇄 발행 _ 2019년 8월 5일

지은이 _ 윤병삼
펴낸이 _ 이형규
펴낸곳 _ 쿰란출판사

주소 _ 서울특별시 종로구 이화장길6
편집부 _ 745-1007, 745-1301~2, 747-1212, 743-1300
영업부 _ 747-1004, FAX 745-8490
본사평생전화번호 _ 0502-756-1004
홈페이지 _ http://www.qumran.co.kr
E-mail _ qrbooks@gmail.com / qrbooks@daum.net
한글인터넷주소 _ 쿰란, 쿰란출판사
등록 _ 제1-670호(1988.2.27)
책임교열 _ 최진희·송은주

© 윤병삼 2019 ISBN 979-11-6143-275-5 93230

책값은 뒤표지에 있습니다.
이 출판물은 저작권법에 의해 보호를 받는 저작물이므로 무단 복제할 수 없습니다.
파본(破本)은 구입처에서 교환해 드립니다.